N&K

Florian Werner

Verhalten bei Weltuntergang

Mit Bildern
von Nikolaus Heidelbach

Nagel & Kimche

1 2 3 4 5 17 16 15 14 13

Umschlaggestaltung: Stefanie Schelleis
Herstellung: Andrea Mogwitz und Rainald Schwarz
Satz: Satz für Satz. Barbara Reischmann
Druck und Bindung: Friedrich Pustet
ISBN 978-3-312-00581-9
Printed in Germany

FSC www.fsc.org
MIX
Papier aus verantwortungsvollen Quellen
FSC® C014889

«Und ich ging hin zu dem Engel und sprach zu ihm: Gib mir das Büchlein! Und er sprach zu mir: Nimm und verschling's! Und es wird dir bitter im Magen sein, aber in deinem Mund wird's süß sein wie Honig.»

Apokalypse 10,9

Ω

Das Ende ist da. Und hier. Und dort.

Wohin wir uns auch wenden, geht die Welt unter. Die apokalyptischen Posaunen erschallen aus dem Radio, endzeitliche Monster bevölkern unsere Ställe und Felder, die Schlacht von Armageddon wird im Fernsehen übertragen. Unsere Kalender kennen den Tag des Jüngsten Gerichts, unsere Uhren schlagen die letzte Stunde. Die Omen der Katastrophe verbergen sich zwischen den Zeilen unserer Bücher, hinter Buchstaben, Ziffern und Zahlen. Der Abgrund ist unter uns.

Seitdem ein persischer Prophet namens Zarathustra vor etwa dreitausend Jahren als erster von einem finalen Kampf zwischen den Mächten der Finsternis und jenen des Lichts predigte, vor allem aber seitdem ein gewisser Johannes von Patmos im ersten nachchristlichen Jahrhundert die sogenannte Offenbarung, die Apokalypse empfing, hat sich die Menschheit immer wieder am Rand einer kosmischen Katastrophe begriffen. Der Aufstieg und Fall des römischen Imperiums wurde ebenso in endzeitlichen Begriffen gedeutet wie die Reformation, die Entstehung des Rock'n'Roll, die Nuklearkatastrophe von Tschernobyl, die Terroranschläge vom elften September oder die Tatsache, dass der Zyklus eines Maya-Kalenders zu Ende ging.

Inzwischen verfügt das apokalyptische Denken über eine Traditionsmacht, der man sich kaum entziehen kann. Schon im Kindergarten hören wir von der Sintflut als der ersten globalen Katastrophe. Als Jugendliche lesen wir Bücher wie *Der Herr der Ringe*, *Harry Potter* oder *Die Tribute von Panem*, welche den endzeitlichen Überlebenskampf wahlweise nach Mittelerde, in ein britisch gefärbtes Paralleluniversum oder ein durch Naturkatastrophen und Kriege demoliertes Nordamerika verlegen. Und als Erwachsene sind wir von Filmen wie *Krieg der Welten*, *Terminator* oder *The Day After Tomorrow* umgeben, von Computerspielen wie *Fallout* und *Resident Evil* sowie von postapokalyptischen Romanen wie Cormac McCarthys *The Road*.

Selbst wenn man noch nie einen Blick in den Tanach, die Bibel oder den Koran geworfen hat, wird man unweigerlich mit der Struktur, den wichtigsten Motiven und Figuren der religiösen Apokalypsen vertraut sein: Begriffe wie Armageddon, Antichrist oder die Zahl der Bestie 666 sind gewissermaßen durch kulturelle Osmose in unsere geistige Matrix eingegangen und stellen ein wirkungsmächtiges Arsenal an Bildern dar, das auf beinahe jede Situation angewendet werden kann: Die Sprache des Weltuntergangs strukturiert unsere Konzepte von Gut und Böse, unsere Vorstellungen von Zeit und Geschichte, unsere politischen Diskurse, unsere Ängste und Hoffnungen. Wahrscheinlich können wir gar nicht anders, als die Welt durch eine schwarzgetönte Brille zu betrachten. Wahrscheinlich ticken wir längst apokalyptisch.

Warum aber übt das Ende der Welt, wie wir sie kennen, eine solche Faszination auf uns aus? Wie kann man berechnen, wann es stattfinden wird? Wie wird man ein guter Prophet der Apokalypse? Welche Tierarten werden sich in den Letzten Tagen in Bestien verwandeln? In welcher Himmelsrichtung liegt das Paradies? Wie sagt man *Ich war's nicht!* auf Aramäisch? Welche Qualen erwarten die Verdammten? Woran erkennt man den Antichristen, und warum hat er so komische Augen? Und: Welche Zeichen weisen darauf hin, dass der Weltuntergang unmittelbar bevorsteht? So viele Fragen, so wenig Zeit. Fangen wir mit der letzten an. Beginnen wir mit dem Ende.

Untrügliche Zeichen, an denen man erkennt, dass der Weltuntergang unmittelbar bevorsteht

Die Liebe erkaltet. **D**ie Sitten verfallen. **D**ie Reichen schwelgen im Überfluss. **D**ie Armen werden unterdrückt. **D**ie soziale Ungerechtigkeit nimmt überhand. **H**ungersnöte nehmen zu. **G**old und Silber verlieren an Wert. **A**lle Frauen werden unfruchtbar. **F**rauen werden wie Esel behandelt. **F**rauen werden von vierzig Männern gleichzeitig missbraucht. **D**ie Missgeburten mehren sich. **N**eugeborene verschwinden aus ihren Krippen. **J**ünglinge haben Gesichte und Alte prophetische Träume. **K**nechte und Mägde beginnen zu weissagen. **D**ie Menschen bekommen schon mit fünfzehn graues Haar. **D**ie Hüte werden immer größer, die Köpfe immer kleiner. **D**ie Menschen sind auf immer neue Lehren aus und kommen nie zur Erkenntnis der Wahrheit. **D**ie Menschen verschmelzen mit ihren Computern. **D**ie Rechenleistung der Computer nimmt zu. **D**as Leben wird zunehmend automatisiert. **F**alsche Propheten treiben ihr Unwesen. **D**ie Juden konvertieren zum Christentum. **D**ie Muslime konvertieren zum Christentum. **D**ie Christen fallen vom Glauben ab. **D**ie Geier kommen zum Gebet. **D**ie Menschen werden geldgierig, prahlerisch, hochmütig, aufgeblasen, unbedacht, undankbar, unversöhnlich, ungehorsam gegenüber ihren Eltern, lieblos, gottlos, verleumderisch, verräterisch, zuchtlos und wild. **S**ie lieben die Wollust mehr als Gott. **I**hre Muskeln erschlaffen. **M**an hört von Kriegen und Kriegsgeschrei. **D**as Verbrechen kommt in die Stadt. **A**n den Mauern fliegen Schatten, die niemand wirft. **D**achdecker stürzen ab und gehn entzwei. **D**ie Häuser stürzen ein. **A**uf den Hauptstraßen schlafen fleischfressende Tiere. **A**m Himmel erscheinen Vögel mit eisernen Schnäbeln und rufen: Es ist reif! **A**uf den Telegraphenstangen sitzen die Kühe und spielen Schach. **E**in Ziegenbock kommt von Westen her über die ganze Erde gelaufen, ohne dass seine Hufe den Erdboden berühren. **D**as Vieh verendet. **E**s gibt Überschwemmungen, Stürme und Erdbeben. **D**ie Flüsse hören auf zu fließen. **D**ie Wasser des Euphrat trocknen aus. **D**as Meer wird zum Hinterland, das Hinterland wird zum Meer. **A**lle Berge und Inseln werden von ihren Stellen gerückt. **D**ie Hügel rutschen ins Tal. **D**ie Berge gleichen gerupften Büscheln aus Wolle. **D**as Wasser beginnt zu brennen. **D**ie Fische schreien im Meer. **E**s regnet Makrelen und Heringe. **D**ie Blätter und Gräser schwitzen Blut. **H**ühnereigroße Hagelkörner fallen vom Himmel. **E**s häufen sich die Kometen und Luftzeichen. **A**m Himmel erscheint ein gewaltiges Kruzifix. **T**ote erstehen aus ihren Gräbern auf. **M**enschen werden von unsichtbarer Hand in die Lüfte erhoben. **I**m Osten geht abends eine zweite Sonne auf. **E**in neuer Planet erscheint am Himmel. **D**ie Sterne des Himmels fallen auf die Erde, wie ein Feigenbaum seine Früchte abwirft, wenn er von starkem Wind geschüttelt wird. **D**er Mond wird zu Blut verwandelt. **D**er Mond zerfällt in zwei Teile. **D**er Himmel entschwindet wie eine Buchrolle, die sich zusammenrollt. **D**ie Sonne wird schwarz wie ein Trauergewand.

(Unzutreffendes bitte streichen)

Was faucht denn da?

Wie unschwer zu erkennen, handelt es sich bei den hier aufgeführten, dem Neuen Testament, dem Koran, dem indischen Mahabharata sowie den heiligen Schriften von Richard Huelsenbeck, Jean Paul, Tom Waits, Roger Waters und anderen entstammenden Omen durchweg um Ereignisse katastrophischer Natur. Dass diese gegen Weltende an Häufigkeit zunehmen, liegt mutmaßlich daran, dass die «verderbt[e] Beschaffenheit des Menschengeschlechts», wie Immanuel Kant schreibt, allgemeiner Auffassung zufolge «bis zur Hoffnungslosigkeit groß sei; welchem ein Ende und zwar ein schreckliches Ende zu machen, die einzige [...] anständige Maßregel sei». Die Gestirne, das Klima, ja die Erde unter unseren Füßen: Alles gerät aus den Fugen und wendet sich gegen den Menschen.

Und auch die Fauna bäumt sich auf. Eine der wichtigsten Amtshandlungen Gottes in der biblischen Schöpfungsgeschichte besteht bekanntlich darin, dass er die Tierwelt den Menschen untertan macht: «Und Gott segnete sie und sprach zu ihnen: [...] Herrschet über die Fische im Meer und über die Vögel unter dem Himmel und über das Vieh und über alles Getier, das auf Erden kriecht.» Der Beginn des Menschen und seiner Welt geht also wesentlich mit einer Bändigung der Natur einher. Der Weltuntergang hingegen stellt die Inversion dieses Schöpfungsakts, eine Rückkehr zum vorzeitlichen Tohuwabohu dar: Die Kultur wird wieder Natur, die Ordnung kehrt zurück ins Chaos. Ein Zeichen für den Beginn dieses ‹devolutionären› Prozesses ist, dass dem Menschen, im wahrsten Sinne des Wortes, die Zügel entgleiten. Vermeintlich harmlose Nutztiere werden zu unberechenbaren Bestien, Insekten und Vögel rotten sich zu mörderischen Schwärmen zusammen, Urwesen entsteigen dem Meer, und selbst auf die Anatomie ist kein Verlass mehr: Die Körper vertrauter Tierarten werden auseinandergerissen und zu monströsen Fabelwesen neu zusammengefügt. Mit dem Auftauchen folgender Kreaturen ist zu rechnen.

Drachen Unter dem Überbegriff Drache werden in der Bibel verschiedenartige Wesen bezeichnet, denen vor allem gemein ist, dass es sich bei ihnen um ausgemachte Widersacher Gottes handelt und dass sie unter den Menschen Furcht und Schrecken verbreiten. Offenbar gehören die Drachen zur Klasse der Reptilien, wobei fraglich bleibt, ob sie eher zur Ordnung der Schuppenkriechtiere (also Schlangen und Echsen) oder eher zur Ordnung der Krokodile zu rechnen sind: Der Prophet Jesaja setzt sie mit «Schlangen» gleich, das fünfte Buch Moses beschreibt sie taxonomisch präziser als «Ottern» – das Buch Hesekiel hingegen bezeichnet den ägyptischen Pharao als «großer Drache» und schildert ihn als träges, gefräßiges Nilkrokodil.

Ihren dramatischsten Auftritt hat diese schwer zu definierende Gattung in der Apokalypse: Hier kommt «ein großer, roter Drache» vom Himmel herab, «der hatte sieben Häupter und zehn Hörner und auf seinen Häuptern sieben Kronen, und sein Schwanz fegte den dritten Teil der Sterne des Himmels hinweg und warf sie auf die Erde». Die Tatsache, dass der Drache über kosmische Kräfte verfügt, weist darauf hin, dass es sich um kein gewöhnliches Tier handelt; wenig später (und wenig überraschend) wird denn auch erklärt, wer hinter der schuppigen Fassade steckt, «der große Drache, die alte Schlange, die da heißt: Teufel und Satan.»

Auch die für Reptilienverhältnisse ungewöhnlich hohe Anzahl an Köpfen ist bemerkenswert – und sie weist indirekt auf eine der wichtigsten Fähigkeiten des Drachen hin. Mit der Anzahl der Häupter steigt logischerweise auch die Anzahl der Augen; und das altgriechische Wort *drákon*, aus dem sich unser Wort ‹Drache› entwickelt hat und mit dem das Tier in der Johannes-Offenbarung bezeichnet wird, bedeutet nichts anderes als ‹das (scharf) Sehende› oder ‹das Tier mit dem Blick›. Das Hauptmerkmal des endzeitlichen Drachen ist also, dass er über besonders ausgefeilte Instrumente zur Überwachung der Menschheit verfügt. So gesehen ist er ein früher Vorläufer des Großen Bruders aus George Orwells *1984*, des über ‹tausend Augen› verfügenden Dr. Mabuse aus der gleichnamigen Sechzigerjahre-Filmreihe sowie anderer moderner Antichrist-Figuren. Das Reich des Bösen zeichnet sich offenbar schon seit zweitausend Jahren dadurch aus, dass es ein Überwachungsstaat ist. *Big Dragon is watching you.*

Behemot und Leviatan Zwei endzeitliche Großtiere, die sowohl in der Bibel als auch in zahlreichen exegetischen Schriften gemeinsam anzutreffen sind, also offenbar in einer symbiotischen Beziehung zueinander stehen. Obwohl auch bei ihnen die genaue Gattungszugehörigkeit unklar ist, trägt der Behemot doch erkennbar Züge eines Nilpferds, während der Leviatan eher Charakteristika eines Krokodils hat: «Wer kann ihm den Panzer ausziehen, und wer darf es wagen, ihm zwischen die Zähne zu greifen?», heißt es im Buch Hiob, dem wir die genaueste Beschreibung dieser Tiere verdanken: «Die Wampen seines Fleisches haften an ihm, fest angegossen, ohne sich zu bewegen. [...] Unter seinem Bauch sind scharfe Spitzen; er fährt wie ein Dreschschlitten über den Schlamm.»

Obwohl Behemot und Leviatan bei Hiob ein Sinnbild der göttlichen Allmacht darstellen, ja der Erstere sogar ausdrücklich als Teil der göttlichen Schöpfung bezeichnet wird, sind die beiden Tiere in den meisten Darstellungen der Endzeit doch mit den Mächten des Bösen im Bunde: Papst Gregor der Große identifizierte sie Ende des sechsten Jahrhunderts mit dem Teufel und dessen irdischem Statthalter, dem Widerchrist. Und das *Liber Floribus*, eine illustrierte Enzyklopädie aus dem frühen zwölften Jahrhundert, zeigt einen feuerspeienden Leviatan als standesgemäßes Reittier des Antichristen. Bezeichnenderweise steht der Leviatan auf dieser Darstellung bis zu den Zähnen im Wasser: Das Meer dient in der jüdisch-christlichen Tradition oft als Sinnbild für das Chaos, für eine tumultuöse, die göttliche Ordnung bedrohende Macht: Es ist kaum zu bändigen oder zu fassen, ist unbegreifbar, unergründlich. In den biblischen Apokalypsen entsteigen daher nicht nur Behemot und Leviatan, sondern die weitaus meisten endzeitlichen Monster dem nassen Element.

Noch heute lebt diese Angst vor dem Wasser sowie den Wesen, die es beherbergen könnte, fort – man denke an den weißen Killerhai aus Steven Spielbergs *Jaws*, an die Yrr aus Frank Schätzings Roman *Der Schwarm* oder den mörderischen Riesenkraken aus dem Fünfzigerjahre-Monsterklassiker *It Came from Beneath the Sea*. Und als der (ansonsten nicht zu Sensationalismus neigende) Journalist John Jeremiah Sullivan 2008 in einem Essay die Vision eines globalen Aufstands der Tiere gegen den Menschen entwarf, lauerte das größte Grauen ebenfalls in der Tiefe: «Wollen Sie das Allerunheimlichste hören? [...] Am Allerunheimlichsten sind nicht die uns bekannten Tiere, sondern die, von denen wir nichts wissen. [...] Ich will nur sagen, was unten am Meeresgrund, ganz unten im Marianengraben ... Das ist ein unentdeckter Planet, was die Arten angeht, die da unten leben. Wer weiß schon, wie groß die Tiere dort sind und über welche Fähigkeiten sie verfügen?»

Chimären In der griechischen Mythologie ist die Chimäre ein feuerspeiendes Untier, das Körperteile des Löwen, der Ziege und der Schlange in sich vereint – irreführend weist das Wort *chimaira*, ‹Ziege› ausgerechnet auf das harmloseste dieser Komponententiere hin. Im weiteren Sinn bezeichnet der Ausdruck Chimäre eine verzweigte Klasse von Mischwesen, die Züge verschiedener für den Menschen bedrohlicher Tiere in sich vereinen, und die bevorzugt im Vorfeld nahender Weltuntergänge in Erscheinung treten.

Im Buch Daniel steigen gleich vier solcher apokalyptischen Wolpertinger aus dem Meer: «Das erste war wie ein Löwe und hatte Flügel wie ein Adler. [...] Und siehe, ein anderes Tier, das zweite, war gleich einem Bären und war auf der einen Seite aufgerichtet und hatte in seinem Maul zwischen seinen Zähnen drei Rippen. [...] Und siehe, ein anderes Tier, gleich einem Panther, das hatte vier Flügel wie ein Vogel auf seinem Rücken [...]. Und siehe, ein viertes Tier war furchtbar und schrecklich und sehr stark [...] und hatte zehn Hörner.» In der Johannes-Offenbarung, für die das Buch Daniel als Vorlage diente, krabbelt zwar nur ein einziges Untier an Land, doch sind in ihm, sozusagen als Metamonster, die bedrohlichsten Züge der vier Chimären aus der Daniel-Apokalypse kondensiert: «Und ich sah ein Tier aus dem Meer steigen, das hatte zehn Hörner und sieben Häupter und auf seinen Hörnern zehn Kronen und auf seinen Häuptern lästerliche Namen. Und das Tier [...] war gleich einem Panther und seine Füße wie Bärenfüße und sein Rachen wie ein Löwenrachen.» Nicht zuletzt sind auch die Apokalypsedarstellungen von spätmittelalterlichen Künstlern wie Hieronymus Bosch von Hybridwesen bevölkert, in denen die anatomischen Bestandteile verschiedenster Wirbeltierklassen und Insektenarten versammelt sind.

Für das sprunghafte Anwachsen der Chimärenpopulation im Vorfeld von Weltuntergängen gibt es zwei Erklärungen. Zum einen macht ihre vielgestaltige Natur diese Wesen zu überzeitlichen Metaphern: Zwar wurden die Chimären der biblischen Apokalypsen stets als Anspielung auf konkrete politische

Systeme und Persönlichkeiten verstanden (das «Tier aus dem Meer» aus der Johannes-Offenbarung etwa symbolisierte das römische Imperium, seine Häupter die römischen Kaiser) – da sie jedoch aus verschiedensten Herrschafts- und Totemtieren kombiniert waren, wiesen sie zugleich über die aktuelle politische Situation hinaus: «Als Kompositum steht das große Tier zugleich für Rom und für jedes andere Imperium», schreibt die Theologin

Marianne Meye Thompson: «Sie alle werden untergehen, sie alle werden letztlich der Herrschaft des Messias unterstellt werden, und dieser wird regieren ‹von Ewigkeit zu Ewigkeit›.»

Zum Zweiten führt das Auftauchen solcher Patchwork-Wesen aber auch eindrücklich vor Augen, dass die Gesetzmäßigkeiten der Natur außer Kraft gesetzt sind beziehungsweise die göttliche Ordnung aus den Fugen geraten ist: Als groteske Monstren illustrieren sie, in den Worten des Germanisten Wolfgang Kayser, eine «ratlose Beklommenheit vor dem Zerbrechen der Welt». Wenn solche Hybriden auftauchen, dann haben sich entweder unterschiedliche, bislang nicht fortpflanzungsfähige Arten miteinander gepaart – oder aber ein satanischer Demiurg hatte seine Klauen mit im Spiel und hat auf unerklärliche Weise die Komponenten verschiedener Tierarten miteinander vernäht. Das Ende der Welt, wie wir sie kennen, kann jedenfalls nicht mehr weit sein.

Dinosaurier Gruppe der Landwirbeltiere aus der Gruppe der Archosauria, die während des Erdmittelalters die festländischen Ökosysteme beherrschte, vor etwa fünfundsechzig Millionen Jahren ausstarb, seit etwa einem Jahrhundert aber wieder in Werken der Populärkultur über die Erde und ihre Bewohner herfällt. Da es sich bei den Dinosauriern vorwiegend um Reptilien handelte, ist es naheliegend, dass sie in apokalyptischen Filmen und Romanen meist jene Rolle einnehmen, die in den heiligen Schriften des Juden- und Christentums die Drachen oder der Leviatan innehatten: die eines zerstörerischen Urtiers, einer rohen Naturgewalt, welcher der Mensch weitgehend schutzlos ausgeliefert ist.

Da die Existenz der Dinosaurier zudem durch zahllose Fossilienfunde belegt ist, sind sie für den Part des mythischen Endzeitmonsters in unserer wissenschaftsgläubigen Zeit geradezu ideal: Sie sind grauenerregend und doch echt. Sie sind gleichermaßen Fabelwesen und Fakt und ermöglichen es dadurch auch routinierten Atheisten und Skeptikern, an übermenschlich-gottgleiche Mächte zu glauben. Auch in den säkularsten Saurierschinken der Kulturindustrie lauert daher meist ein religiöser Subtext: So wie in der Bibel Gott der abtrünnigen Menschheit mit Hilfe von globalen Katastrophen (man denke an die Sintflut oder die Zerstörung von Sodom und Gomorra) eine Lektion erteilt, dient auch in der Literatur- und Filmwelt das Auftauchen von

Dinosauriern als unmissverständliche Warnung, dass der Mensch die ihm zugewiesenen Schranken überschritten hat. Das Titeltier aus dem amerikanischen Horrorklassiker *Dinosaurier in New York* aus dem Jahr 1953 etwa wird durch einen Atombombenversuch in der Arktis, wo es seit dem Ende der Kreidezeit im Tiefkühlkoma lag, wieder zum Leben erweckt. Das japanische Kinomonster Godzilla ist ebenfalls ein Kind des Nuklearzeitalters. Und die mörderischen Velociraptoren aus *Jurassic Park* sind, dem veränderten Zeitgeist der Neunzigerjahre entsprechend, das Ergebnis außer Kontrolle geratener genetischer Experimente.

Nicht zuletzt gemahnt das Auftauchen von Dinosauriern den Menschen aber auch an sein eigenes allfälliges Schicksal: «Hey, Mr. Dinosaur / You really couldn't ask for more / You were God's favourite creature / But you didn't have a future», kassandrat der Sänger Sting in dem Lied «Walking in Your Footsteps», das davon handelt, dass niemand anderes als der Mensch in den überdimensionierten Fußstapfen der Brontosaurier wandele. Tatsächlich sind die Parallelen zwischen den einst unangefochtenen Herrschern über den Planeten und der derzeitigen Interimskrone der Schöpfung kaum zu übersehen: So wie die Dinosaurier von der Erdoberfläche verschwanden, könnte eines Tages auch der Mensch aussterben. «Die Vernichtung», schreibt der Paläontologe Stephen Jay Gould, «[ist] das normale Schicksal aller Gattungen.» Am Ende des Perm vor zweihundertfünfzig Millionen Jahren starben fünfundneunzig Prozent aller wirbellosen Meeresarten. Am Ende der Kreidezeit wurden die Dinosaurier ausgelöscht. Am Ende des Anthropozän, jenem Erdzeitalter, in dem wir uns derzeit befinden, wird mutmaßlich auch der Mensch dran glauben müssen.

Kraken Achtarmige Tintenfische aus der Klasse der Kopffüßer. Gelten als intelligent, aber auch als zwielichtig und verschlagen, vermutlich, weil sie bei Gefahr Angreifer durch das Ausstoßen einer Tintenwolke in die Irre zu führen versuchen. Hinzu kommen ihre vaginal anmutende Mundöffnung, ihre Saugnäpfe sowie ihre phallischen Arme, mit denen sie maritimem Volksglauben zufolge arglose christliche Seefahrer in die schlüpfrige Tiefe des Meeres zerren.

In der zeitgenössischen Populärkultur findet der Krake seine überzeugendste Verkörperung in der Figur des Dr. Octopus, dem schurkischen Atomforscher aus den *Spider-Man*-Comics: Mit den an seinem Rücken befestigten und über das Rückenmark mit seinem Kleinhirn verbundenen mechanischen Extremitäten gemahnt Dr. Octopus nicht nur an eine dystopische Kreuzung aus Mensch, Maschine und Tintenfisch, sondern auch an den vierarmigen Shiva, die hinduistische Gottheit der Zerstörung.

Dank dem beherzten Eingreifen von Spider-Man scheitern die Pläne des sinistren Doktors zur Beherrschung der Welt regelmäßig. Eine größere Gefahr für die Menschheit geht vermutlich von jener globalen Datenkrake aus, die mit ihren digitalen Tentakeln unaufhörlich personenbezogene Informationen zusammenklaubt und in den unergründlichen Tiefen ihrer Großrechner hortet. Bezeichnenderweise verlaufen die Glasfaserkabel, mit deren Hilfe dieses Wesen seiner teuflischen Tätigkeit nachkommt, direkt durch den Habitat der Tiefseekraken: über den Meeresgrund.

Schlangen Unterordnung der Schuppenkriechtiere; als Reptilien mutmaßlich mit den Drachen verwandt und mithin unverzichtbarer Bestandteil der apokalyptischen Tradition. In der Johannes-Offenbarung wird der Teufel als «alte Schlange» bezeichnet; auf frühneuzeitlichen Apokalypsedarstellungen wie dem Jüngsten Gericht von Fra Angelico oder Michelangelos berühmtem Fresko in der Sixtinischen Kapelle werden die Verdammten von Schlangen gewürgt und gebissen; und noch in der Literatur des einundzwanzigsten Jahrhunderts lebt die Schlange als Inbegriff des Bösen fort: Die Antichrist-Figur aus Joanne K. Rowlings *Harry-Potter*-Saga, Lord Voldemort, gebietet über eine als Basilisk bezeichnete Riesengiftschlange, kann mit Schlangen sprechen und wohnte ehedem, als Schüler des Hogwarts-Internats, im Haus namens Slytherin – die onomatopoetische Umschreibung des Geräuschs, das eine Schlange beim Gleiten erzeugt.

Die Negativkarriere der Schlange in der abendländischen Kultur beginnt in der Genesis: Bekanntlich war es ein Exemplar dieser Unterordnung, das für den Sündenfall verantwortlich war. Allerdings besticht die Schlange in der Schöpfungsgeschichte (anders als etwa die Drachenschlange aus der Johannes-Apokalypse, Michelangelos Sixtinische Würgeschlange oder der Rowlingsche Basilisk) nicht etwa durch besondere Größe, Kraft oder giftige Zähne – ihre Macht liegt einzig und allein in der Gabe der Rede: Der Genesis zufolge war die Schlange «listiger als alle Tiere auf dem Felde», sprach mit ‹gespaltener Zunge› und verführte Eva dadurch zum Obstkonsum am Baum der Erkenntnis.

Möglicherweise half der Schlange bei der dafür notwendigen Überzeugungsarbeit allerdings auch ihr Körperbau; schließlich ist sie, ähnlich wie die Tentakel des Kraken, eindeutig phallisch geformt. Bezeichnenderweise näherte sie sich im Garten Eden denn auch zuerst der Frau, und diese gab sich ihren verführerischen Worten willig hin. Mit der Schlange kamen die Sexualität, die Schwangerschaft, die Scham und das Begehren in die Welt; und nach Ansicht vieler christlicher Kommentatoren begann damit der Anfang vom Ende: ein Sturz in die Sünde, der erst im Weltuntergang seinen Abschluss findet.

Pferde Unpaarhufer, die aufgrund ihrer Vorliebe für harte Grasnahrung offene Landschaften als Lebensraum bevorzugen. Vermutlich wurden sie zunächst von den nomadischen Steppenvölkern Zentralasiens domestiziert – im östlichen Mittelmeerraum wurden sie erst später heimisch: Die eurasischen Reitervölker sowie die Tiere, auf denen sie in die Schlacht ritten, wurden dort vor allem als militärische Bedrohung empfunden.

Kein Wunder, dass Pferde in den meisten im ostmediterranen Raum entstandenen Mythen, also auch in der Bibel, im wahrsten Sinne des Wortes ‹negativ besetzt› sind. In der Johannes-Apokalypse erscheinen nach dem Öffnen des ersten Siegels die vier Reiter der Apokalypse und bringen politische und soziale Katastrophen, Völker- und Bürgerkrieg, Armut, Krankheit und Massensterben: «Und ich sah, und siehe, ein fahles Pferd. Und der darauf saß, dessen Name war: Der Tod, und die Hölle folgte ihm nach. Und ihnen wurde Macht gegeben [...] zu töten mit Hunger und Pest und durch die wilden Tiere auf Erden.» Wenig später bekommen diese vier Reiter Verstärkung durch «vieltausendmal tausend», also mehrere Millionen weiterer berittener Krieger; bei deren Rossen handelt es sich allerdings nicht um reinrassige Angehörige der Familie Equidae, sondern wieder einmal um Chimären: Sie haben Löwenköpfe und -mäuler, und «ihre Schwänze waren den Schlangen gleich und hatten Häupter, und mit denen taten sie Schaden».

Bei militärischen Auseinandersetzungen stellte die Kavallerie aufgrund ihrer Durchschlagskraft und Mobilität traditionell die wichtigste Truppengattung dar – und so erweist sich auch in der Apokalypse der Einsatz berittener Einheiten letztlich als schlachtentscheidend: Erst als der Messias und seine Anhänger ebenfalls hoch zu Ross erscheinen, hat die Gemeinschaft der Heiligen den Reiterscharen des Antichristen militärisch etwas entgegenzusetzen: «Und ich sah den Himmel aufgetan; und siehe, ein weißes Pferd. Und der darauf saß, hieß: Treu und Wahrhaftig, und er richtet und kämpft mit Gerechtigkeit. [...] Und ihm folgte das Heer des Himmels auf weißen Pferden [...]. Und aus seinem Mund ging ein scharfes Schwert, dass er damit die Völker schlage; und er wird sie regieren mit eisernem Stabe.»

Rinder Paarhufige Wiederkäuer aus der Familie der Hornträger. Die weiblichen Exemplare dieser Gattung symbolisieren aufgrund ihrer Bedeutung als Mutter- und Milchtiere traditionell göttliche Fürsorge und friedliches Miteinander. In den biblischen Apokalypsen spielen sie daher keine Rolle – ihre Stunde schlägt erst danach, im künftigen messianischen Reich. Für den Propheten Jesaja etwa galten Kühe als Inbegriff der kreatürlichen Koexistenz, als Vorbild für all jene fleischfressenden Raubtiere, die in dieser Welt Tod und Verderben bringen: «Kühe und Bären werden zusammen weiden, dass ihre Jungen beieinander liegen, und Löwen werden Stroh fressen wie die Rinder.»

Seit der frühen Neuzeit wandelte sich jedoch diese positive Rolle der Kuh im apokalyptischen Zeitplan. So ist seit dem siebzehnten Jahrhundert die Formulierung ‹die kuh geht auf stelzen› als Sinnbild einer verkehrten Welt überliefert. In dieselbe Richtung gehen Wendungen wie ‹die kuhe wird auf seilen danzen› oder ‹ein kuh ging auf eim seil über ein grabe›: Ihnen ist gemein, dass Kühe sich in unbotmäßige Höhen begeben und durch dort vollführte Drahtseil- oder Stelzenakte von einer auf den Kopf gestellten Weltordnung künden. Kurz nach dem Ersten Weltkrieg rief der dadaistische Dichter Richard Huelsenbeck diese Tradition noch einmal wach, als er sein Gedicht «Ende der Welt» mit den Zeilen beginnen ließ: «Soweit ist es nun tatsächlich mit dieser Welt gekommen / Auf den Telegraphenstangen sitzen die Kühe und spielen Schach».

Gegen Ende des zwanzigsten Jahrhunderts wurde die Kuh schließlich, als Inbegriff des gefügigen, überzüchteten Nutztiers, zur Metapher für dystopische Ausbeutungsverhältnisse schlechthin. So mutmaßte der Philosoph

Vilém Flusser, dass die Menschheit auf dem besten Wege sei, zu einer «Herde von Kühen» zu werden: «Eine weidende und wiederkauende, zufriedene und unbewußte Menschheit, die Gras konsumieren wird, die Milch erzeugt für eine unsichtbare Elite von ‹Hirten› [...]. Das Leben wird sich auf die typischen Funktionen der Kuh beschränken: Geburt, Konsumieren, Wiederkäuen, Erzeugung, Muße, Reproduktion, Tod. Eine paradiesische und erschreckende Aussicht. Sehen wir bei der Betrachtung der Kuh nicht den Menschen von morgen?»

Inzwischen gelten Kühe zudem als Mitschuldige an der globalen Umwelt- und Klimakatastrophe: Da sie beim Wiederkäuen täglich bis zu zweihundertfünfzig Liter Methangas ausstoßen, sind sie massiv an der Aufheizung der Atmosphäre beteiligt. Zudem verbrauchen sie Unmengen an Trinkwasser und Futtergetreide, tragen zur Bodenerosion bei und verschmutzen mit ihren Fäkalien das Grundwasser: «Über eine Milliarde an der Zahl, streifen [sie] durch die Lande, zerstampfen den Boden, fressen alles kahl und hinterlassen eine Spur der Zerstörung.» Der amerikanische Wissenschaftskritiker Jeremy Rifkin bezeichnet sie daher, in Anverwandlung alttestamentarischer Apokalypsenmetaphorik, als «Heuschrecken mit Hufen».

Ziegen Paarhufige Hornträger wie die Kühe, aber unberechenbarer als diese; vom grundsätzlichen Misstrauen gegen ihren Charakter zeugen Adjektive wie zickig, bockig und kapriziös (nach dem lateinischen Wort für ‹Ziege›, *capra*). Im Buch Daniel erscheint dem Propheten in einer apokalyptischen Vision ein Ziegenbock, der am Ende der Zeit von Westen her über die Erde gestürmt kommt, «ohne den Boden zu berühren, und der Bock hatte ein ansehnliches Horn zwischen den Augen. [...] Und der Ziegenbock wurde sehr groß. Und als er am stärksten geworden war, zerbrach das große Horn, und es wuchsen an seiner Stelle vier andere Hörner nach den vier Winden des Himmels hin.»

Dieser apokalyptische Ziegenbock, so wird Daniel seine Vision später auslegen, steht für den König von Griechenland. Tatsächlich wurde ein männliches Exemplar der Gattung Capra, oder zumindest ein Hybrid aus Ziege und Mensch, von den Griechen als Hirtengottheit Pan verehrt: Nach dem Vorbild dieses gehörnten, bocksfüßigen und notorisch lüsternen Mischwesens sollten die christlichen Ikonographen des Mittelalters die Figur des Teufels gestalten. Zudem gab der Gott Pan aufgrund seines unberechenbaren, furchteinflößenden Wesens einem der intensivsten Gefühle, das den Menschen bei endzeitlichen Katastrophen befallen kann, seinen Namen: der Panik.

Menschen Säugetiere aus der Ordnung der Primaten, Unterordnung der Trockennasenaffen, Familie der Menschenaffen. Mit über sieben Milliarden Exemplaren stellt der Homo sapiens die zahlenmäßig stärkste Großsäugerart des Planeten dar und damit mutmaßlich die größte Gefahr für den Fortbestand der Welt, wie wir sie kennen. Vor allem seine konsumistische Lebensweise und wachstumsorientierte Wirtschaftsform machen den Menschen zu einer solchen Bedrohung: Die Produkte, die er herstellt, sind zunehmend ressourcenintensiv und kurzlebig; zudem produziert und verbreitet er Abfallstoffe wie Plastik, PCB, Dioxine und radioaktiven Müll, die, wie der Wissenschaftsjournalist Marcel Hänggi schreibt, «in historischen Zeiträumen kaum abgebaut werden».

Das zugrundeliegende Problem besteht mutmaßlich darin, dass die meisten Angehörigen dieser Art dem persönlichen Wohl und Wachstum mehr Bedeutung zumessen als der Erhaltung des globalen Gemeinguts: «Wenn die größte Zahl von Menschen etwas gemeinsam besitzt, dann erfährt dies die geringste Pflege und Sorgfalt», wie Aristoteles diese sogenannte Allmendeproblematik beschrieb: «Man kümmert sich ja am ehesten um persönliches Eigentum, um das der Allgemeinheit dagegen weniger.» Doch auch seine Fähigkeit zum Waffengebrauch macht den Menschen zu einem der gefährlichsten Tiere, denen man im Zuge des Weltuntergangs begegnen kann.

Vögel Klasse der Landwirbeltiere. Da die meisten ihrer Vertreter flugfähig sind, werden sie traditionell als Boten zwischen der himmlischen und der irdischen Sphäre angesehen; gerade bei Weltuntergängen spielen sie daher eine wichtige Rolle. Schon das altorientalische Gilgamesch-Epos berichtet, dass die letzten Überlebenden der Sintflut eine Taube, eine Schwalbe und einen Raben losschicken, um zu ergründen, ob die Wassermassen wieder zurückgegangen sind. Ähnlich dienen auch in der jüdischen Sintfluterzählung zwei Vögel als Späher und Mittler, die vom Ende des Hochwassers und dem erneuerten Bund zwischen Gott und den Menschen künden: «Nach vierzig Tagen tat Noah an der Arche das Fenster auf, das er gemacht hatte, und ließ einen Raben ausfliegen», heißt es in der Genesis: «Danach ließ er eine Taube ausfliegen [....]. Die kam zu ihm um die Abendzeit, und siehe, ein Ölblatt hatte sie abgebrochen und trug's in ihrem Schnabel. Da merkte Noah, daß die Wasser sich verlaufen hätten auf Erden.»

Auch in der Johannes-Offenbarung haben Vögel eine besondere Stellung: Sie sind, als Aasfresser, die größten Profiteure des apokalyptischen Abschlachtens. «Und ich sah einen Engel in der Sonne stehen und er rief mit großer Stimme allen Vögeln zu, die hoch am Himmel fliegen: Kommt, versammelt euch zu dem großen Mahl Gottes und esst das Fleisch der Könige und der Hauptleute und das Fleisch der Starken und der Pferde und derer, die darauf sitzen [...]. Und alle Vögel wurden satt von ihrem Fleisch.» Der Anblick solcher Todesvögel, die sich an den Leichen gefallener Soldaten gütlich tun, war früher vermutlich ein vertrauter Anblick: Der aasfressende Waldrapp war beispielsweise in der Antike im Nahen Osten weit verbreitet; auch in Europa war er noch bis ins Mittelalter heimisch.

Zu dieser Zeit verschlechterte sich der Leumund der Vögel zunehmend: Im ausgehenden Mittelalter wurden Tiere wie die Eule und der Rabe, die zuvor als Götterboten und Vögel der Weisheit gegolten hatten, zu Tieren des Todes oder Teufels umgedeutet und als Haustiere der Hexen abgestempelt. Diesen schlechten Ruf haben sie bis heute nicht ganz abschütteln können: In Alfred Hitchcocks *The Birds* attackieren Tausende von Raben und Möwen die Bewohner einer kalifornischen Kleinstadt und übernehmen, wenn man den Prophezeiungen des örtlichen Alkoholyptikers glauben darf, am Ende die Weltherrschaft. In dem Film *Take Shelter* von Jeff Nichols erscheint dem Protagonisten in einer wiederkehrenden Vision ein Krähenschwarm und nimmt mit seiner wellenförmigen Formation den Untergang der Welt in einer Sturmflut vorweg. Und in Roland Emmerichs *The Day After Tomorrow* künden zur Unzeit nach Süden ziehende Vogelschwärme vom Versiegen des Golfstroms und dem bevorstehenden Vereisen der Nordhalbkugel.

Froschlurche Ordnung aus der Klasse der Amphibien. Ihre Vertreter werden meist vereinfachend als Frösche bezeichnet, etwa in Luthers Übersetzung des Buchs Exodus, in dem geschildert wird, wie das Nildelta aufgrund der Weigerung des ägyptischen Pharaos, die Israeliten aus der Gefangenschaft zu entlassen, von einer Froschepidemie heimgesucht wird: «Wenn du dich aber weigerst, siehe, so will ich dein ganzes Gebiet mit Fröschen plagen, daß der Nil von Fröschen wimmeln soll. Die sollen heraufkriechen und in dein Haus kommen, in deine Schlafkammer, auf dein Bett, auch in die Häuser deiner Großen und deines Volks, in deine Backöfen und in deine Backtröge; ja, die Frösche sollen auf dich selbst und auf dein Volk und auf alle deine Großen kriechen.» Dem Biologen Josef H. Reichholf zufolge gibt es für diese Plage eine naturwissenschaftliche Erklärung: Vermutlich war sie die Folge von starken Regenfällen im äthiopischen Hochland, die nilabwärts zu einer verstärkten Produktion nahrhafter Algen und dadurch einem sprunghaften Anwachsen der Amphibienpopulation führte.

Obwohl der Frosch hier im Namen des Herrn unterwegs ist, ist er in der jüdisch-christlichen Tradition sonst eher verdächtig, mit dem Teufel und seinen Anhängern im Bunde zu stehen. «Und ich sah aus dem Rachen des Drachen und aus dem Rachen des Tieres und aus dem Munde des falschen Propheten drei unreine Geister kommen, gleich Fröschen», heißt es in der Apokalypse des Johannes; «es sind Geister von Teufeln, die tun Zeichen und gehen aus zu den Königen der ganzen Welt, sie zu versammeln zum Kampf am großen Tag Gottes, des Allmächtigen.» Auf dem Weltgerichtstriptychon von Hieronymus Bosch rahmt entsprechend eine Prozession von Fröschen das Tor zur Unterwelt ein. Und in dem mittelhochdeutschen Predigtgedicht «Von dem jungesten tage» heißt es, dass die Verdammten im Jenseits neben den obligatorischen Teufelsreptilien auch Amphibien verzehren müssen: «Die slangen sul wir ezzen / Und suln kroten vrezzen.»

Die Vorstellung, dass es sich bei den Froschlurchen um Tiere der Finsternis handelt, verdankt sich vermutlich ihrem bevorzugten Habitat: «Sie hausten, als *Erdgetier*, im Dunklen und unten, wo der Teufel wohnt, gemeinsam mit Schlangen und Würmern», schreibt der Literaturwissenschaftler Bernd Hüppauf: «Ihr realer Ort […] wurde zu einem phantasierten Ort am Rand der christlichen Ordnung, zum Ort der Dämonen, zu Gräbern und Höhlen, die sie mit Leichnamen teilten.» Darüber hinaus wurden Frösche in vielen antiken Kulturen als Sinnbild der Fruchtbarkeit verehrt: Die alten Ägypter etwa huldigten einer froschköpfigen Göttin namens Hequet. Indem das Juden- und später das Christentum den Frosch zum unreinen Dämon abstempelten, grenzten sie sich also von solchen polytheistischen Religionen ab. Nicht zu-

letzt stören Frösche aufgrund ihrer protheischen, unsteten Natur aber auch unser Bedürfnis nach klaren Grenzen, nach Ordnung: Im Larvenstadium gleichen sie kleinen Fischen; dann verwandeln sie sich in hybride, molchartige Wesen mit Beinen; schließlich werden aus den kiementragenden Kaulquappen vierbeinige Landtiere, die gleichermaßen mit der Lunge und über die Haut atmen können. Frösche sind nur schwer zu fassen, sowohl mit der Hand als auch in Kategorien: Ihre kategoriale Schlüpfrigkeit verursacht ein tiefgreifendes Gefühl der Verunsicherung, ja des Ekels.

Am verstörendsten wirken Frösche jedoch, wenn sie ihre Tümpel und Höhlen verlassen und versuchen, es den Vögeln gleichzutun: In der Schlüsselszene von Paul Thomas Andersons Film *Magnolia* regnen mit einem Mal Abertausende von Froschleibern aus dem Himmel über Los Angeles. Anderson bezieht sich damit explizit auf die apokalyptische Froschplage aus dem Buch Exodus; und wie für die Amphibienschwemme im alten Ägypten gibt es auch für solche Froschregen eine naturwissenschaftliche Erklärung: «Es ist bekannt, was die Wirbelwinde zu Gewitterszeiten vermögen, und wie sie oft den auf dem Felde befindlichen Leuten Hüte, Kleidungsstücke und andere Sachen wegreissen, und hoch in den Lüften mit sich fort führen», schrieb im achtzehnten Jahrhundert der Enzyklopädist Johann Georg Krünitz: «Sollte dieses nicht auf eben die Art mit den Fröschen geschehen können? Sind diese durch eine Wasser=Hose erst in die Luft gezogen, so führt sie der Wirbel=Wind über die höchsten Thürme und Gebäude fort. Sobald seine Wirkung nachläßt, müssen sie vermöge ihrer Schwere auch wieder herunter fallen.» Arme Teufel.

Heuschrecken Angehörige der Insektenordnung der Springschrecken und eine weitere ägyptische Plage: Mutmaßlich führte die ungewöhnlich starke Bewässerung des Niltals, die bereits die wundersame Froschvermehrung begünstigt hatte, auch zu einer explosionsartigen Zunahme der Heuschreckenpopulation. Da Wanderheuschrecken täglich eine ihrem Körpergewicht entsprechende Menge an pflanzlicher Nahrung verzehren, und da ihre Schwärme aus bis zu einer Milliarde Tieren mit einem Gesamtgewicht von eineinhalbtausend Tonnen bestehen können, sind die Auswirkungen einer solchen Plage auf die Landwirtschaft tatsächlich, im weiteren Wortsinn, apokalyptisch.

Auch in der Johannes-Offenbarung kommen Heuschrecken vom Himmel. Allerdings fallen sie, anders als ihre Verwandten im Alten Testament, nicht über die Botanik, sondern über den Menschen her, und die Bedrohung, die von ihnen ausgeht, verdankt sich weniger ihrer Vielzahl als ihrem für Heuschrecken ungewöhnlichen Stechapparat und ihren Beißwerkzeugen: «Und aus dem Rauch kamen Heuschrecken auf die Erde, und ihnen wurde Macht gegeben, wie die Skorpione auf Erden Macht haben [...]. Und die Heuschrecken sahen aus wie Rosse, die zum Krieg gerüstet sind [...]; und sie hatten Haar wie Frauenhaar und Zähne wie Löwenzähne und hatten Panzer wie eiserne Panzer, und das Rasseln ihrer Flügel war wie das Rasseln der Wagen vieler Rosse, die in den Krieg laufen.»

Streng genommen handelt es sich bei den hier beschriebenen Tieren, ihrer unmissverständlichen Benennung als Heuschrecken zum Trotz, abermals um Angehörige der Chimären. Auch im aktuellen Sprachgebrauch bezeichnet der Ausdruck Heuschrecke meist keine eigentlichen Insekten, sondern Mischwesen aus Mensch und Tier, die in als Private-Equity-Gesellschaften oder Hedgefonds bezeichneten Schwärmen über arglose Unternehmen herfallen und diese durch überzogene und kurzfristige Renditeerwartungen zugrunde richten.

Bienen Zusammen mit den Grabwespen eine Überfamilie innerhalb der Klasse der Insekten. Nachdem in den sogenannten Big-Bug-Movies der 1950er Jahre bereits zahllose andere Gliederfüßer wie Ameisen, Spinnen und Tausendfüßer, oft durch radioaktive Strahlung auf ein Vielfaches ihrer natürlichen Körpergröße angeschwollen, die Menschheit angegriffen hatten, bekamen endlich auch die Bienen ihren apokalyptischen Auftritt: In den 1960er und 70er Jahren bildeten Killerbienenfilme innerhalb der Gattung des apokalyptischen Insektenhorrors ein ebenso stabiles wie bestechendes Subgenre.

In dem wohl bekanntesten davon, *The Swarm* aus dem Jahr 1978, überfällt ein mörderischer Bienenschwarm zunächst einen Stützpunkt der US-Armee, attackiert dann eine amerikanische Kleinstadt und zerstört schließlich weite Teile von Houston und kostet Tausende Menschen das Leben, bevor er über dem offenen Meer vernichtet werden kann. Anders als die Skorpione der Johannes-Offenbarung, die Killerameisen aus dem Horrorklassiker *Them!* oder die Spinnen aus *King Kong* sind die Bienen in *The Swarm* allerdings nicht übernatürlich groß – sie sind einfach nur sehr zahlreich und aggressiv und töten ihre Opfer durch mörderische Schwarmintelligenz. Und: Im Ge-

gensatz zu den Monstren anderer Insektenfilme gibt es solche Bienen tatsächlich. Es handelt sich um sogenannte ‹afrikanisierte Killerbienen›, im Film manchmal schlicht *African bees* oder auch einfach nur *Africans* genannt. Die fragliche Spezies wurde Mitte der 1950er Jahre von dem brasilianischen Genetiker Warwick Kerr aus europäischen und afrikanischen Bienenstämmen gekreuzt, um die südamerikanische Honigproduktion zu verbessern. Ihren Angriffen fallen in Süd- und Mittelamerika jedes Jahr mehrere Dutzend Menschen zum Opfer.

Der rassistische Subtext, der Filme wie *The Swarm* ideologisch unterfüttert, ist unübersehbar: So werden die ‹afrikanischen› Bienen immer wieder als «ausländische Macht» bezeichnet, ihr Angriff auf Houston wird in militärischer Terminologie «Okkupation» genannt, und an einer Stelle räsoniert der mit ihrer Bekämpfung befasste Entomologe: «Die Invasion hat nicht erst jetzt angefangen. Sie sind schon eine ganze Weile hier – und haben sich vermehrt.» In der Angst vor den Killerbienen spiegelt sich die Furcht vor einer Bevölkerungsgruppe (mutmaßlich Afroamerikaner oder Latinos), die sich im Herzen des Landes ‹eingenistet› hat, die sich dort unkontrolliert ausbreitet, und die eines Tages nicht mehr brav und bienenfleißig der ihr zugewiesenen Aufgabe als Feldarbeiter nachkommen könnte, sondern sich aggressiv gegen die weiße, angelsächsisch-protestantische Bevölkerungsmehrheit wendet. Die letzte Grenze, schreibt der Soziologe Mike Davis, verläuft in der apokalyptischen Imagination der US-Amerikaner stets zwischen den Ethnien: «Armageddon wurde immer wieder als Vernichtungskrieg zwischen der Welt der Weißen und der Farbigen gedacht.»

Inzwischen ist die apokalyptische Angst *vor* den Bienen einer apokalyptischen Angst *um* die Bienen gewichen: Als Mitte der Nullerjahre plötzlich Tausende von Bienenvölkern in den USA und Europa aus ungeklärter Ursache zugrunde gingen, machte sich die Furcht vor einem globalen Bienensterben und einer daraus resultierenden Bestäubungskatastrophe breit: Wenn die Bienen verschwinden, so wurde allenthalben Albert Einstein in den Mund gelegt, habe der Mensch nur noch vier Jahre zu leben: «keine Bienen mehr, keine Pflanzen, keine Tiere, keine Menschen mehr.» Das mag übertrieben sein, fest steht aber: Für den Fortbestand der Menschheit wäre ein globales Bienensterben dramatischer als eine Attacke aller stech- und beißwütigen Horrorfilminsekten zusammen.

Bakterien Neben Archaeen und Eukaryoten eine der drei sogenannten Domänen, in die alle zellulären Lebewesen eingeteilt werden. Die meisten Bakterien sind zwischen einem und fünf Mikrometern lang, für das menschliche Auge also nicht sichtbar: In dieser Verborgenheit, in ihrer Vielzahl sowie ihrer Fähigkeit, beim Menschen ansteckende und bisweilen verheerende Krankheiten auszulösen, liegt ihr besonderes endzeitliches Potential.

Bereits in der Bibel sind bakterielle Infektionen ein fester Bestandteil des apokalyptischen Arsenals: Die erste ägyptische Plage besteht darin, dass die Fluten des Nils anfangen zu stinken und für Menschen und Tiere ungenießbar werden; Ursache war vermutlich ein übermäßiges Wachstum von giftigen Cyanobakterien. Der vierte Reiter der Apokalypse verbreitet auf der Erde die Pest, eine hochgradig ansteckende und im schlimmsten Fall zu einem septischen Schock führende Infektionskrankheit, die durch das Bakterium *Yersinia pestis* ausgelöst wird. Und die sieben Zornesschalen, die in der Johannes-Offenbarung von den Engeln Gottes über der Erde ausgegossen werden, enthalten die Erreger für ein nicht näher benanntes «schlimmes Geschwür».

Allerdings war die Existenz von Bakterien in der Antike noch nicht bekannt: Bakterielle und virale Erkrankungen wurden stattdessen entweder auf giftige Ausdünstungen der Bodens, sogenannte Miasmen, zurückgeführt oder – und dies gilt vor allem für ‹unreine›, infektiöse Krankheiten wie Lepra, Pest oder Gonorrhö – als gottgesandte Strafe für ein Vergehen begriffen. Solche ‹kontagiösen› Krankheiten waren stets, wie der Medizinhistoriker Owsei Temkin schreibt, mit einem «moralischen oder religiösen Stigma» behaftet: Wer von ihnen befallen wurde, der hatte sich offensichtlich schuldig gemacht. Die Infektion galt gleichermaßen als Sühne und als Zeichen der Verfehlung.

Erst gegen Ende des neunzehnten Jahrhunderts, durch die mikrobiologischen Forschungen von Louis Pasteur und Robert Koch, wurde die Rolle der Bakterien (und später auch der Viren) bei der Entstehung von Infektionskrankheiten erkannt; und der Kampf gegen diese Kleinstorganismen wurde von Anfang an in endzeitlicher Rhetorik ausgetragen: Koch bezeichnete die Bakterien als «schreckliche Plage» und «gefährlichste Feinde der Menschheit», sein Breslauer Kollege Ferdinand Julius Cohn erklärte sie zu «Todfeinden des Menschengeschlechts», und auf einem deutschen Ärztetag der Zeit wurde zu einem «glorreichen Vernichtungskrieg [gegen] das gesamte Microgesindel» aufgerufen. Die Vorstellung, dass die Menschheit durch verborgene, heimtückische, allgegenwärtige Gegner bedroht sei, wurde, wie der Medizinhistoriker Christoph Gradmann schreibt, «zu einer der großen Erzählungen des 20. Jahrhunderts»: Im Zuge dieses Narrativs wurden die Bakterien zu teuflischen Widersachern erklärt, die es auszurotten galt – und umgekehrt wurden bestimmte Personengruppen metaphorisch zu Bakterien degradiert, von denen der ‹Volkskörper› befreit werden sollte. Am 10. Juli 1941 gab Adolf Hitler zu Protokoll, er fühle sich «wie Robert Koch in der Politik».

Inzwischen stellen unsichtbare Kleinstwesen den Großteil der apokalyptischen Flora und Fauna. In Filmen wie *Resident Evil: Apocalypse* oder *28 Days Later* ist die Welt durch mysteriöse Viren bedroht, die Infizierte umgehend in blutrünstige Zombies verwandeln; diesseits der Kinoleinwand machen sich Milzbrand-Bakterien, Rinderwahnsinn, Ebola, Vogelgrippeviren und HIV über die Menschheit her. Interessanterweise werden diese Krankheiten häufig immer noch, wie einst in biblischen Zeiten, mit einem moralischen Vergehen verknüpft: In den genannten Horrorfilmen ist die Erkrankung stets das Ergebnis und die Ahndung von wissenschaftlicher Hybris. Die BSE-Seuche wurde immer wieder als Strafe für nicht artgemäße Tierhaltung interpretiert. Und viele frühe HIV-Infizierte mussten sich des Vorurteils erwehren, dass ihre Erkrankung die Folge ihres ‹sündigen› Lebenswandels (als Homosexueller, als Prostituierte, als Junkie) sei.

Offenbar können wir, aller bakteriologischen Erkenntnisse zum Trotz, nicht von der Vorstellung lassen, dass Krankheiten eine moralische oder gar metaphysische Dimension innewohnt: «In der Medizin gibt es kein sinnloses Universum», schreibt Owsei Temkin: «Menschliche Wesen geben sich nicht damit zufrieden, Gesundheit und Krankheit als bloße Zufälle anzusehen, die sich von ihrem Leben trennen ließen.» Wenn wir von Bakterien oder Viren befallen werden, wollen wir wissen, warum. In unserer Sehnsucht nach sinnstiftenden Erzählungen für weitgehend kontingente Phänomene ähneln wir auf frappierende Weise den Menschen vormoderner Zeiten. Und auch die Tiere, die uns am Ende der Zeit gegenübertreten sollen, sind sich in gewisser Hinsicht gleich geblieben: Bakterien mögen zwar kleiner sein als Behemot, Leviatan und die anderen mythischen Bestien der Bibel – doch in einem zentralen Merkmal stimmen sie mit diesen Tieren aus der Tiefe überein: Sie sind unter uns.

Keinmaleins

«Alle göttlichen Gesandten», so der Philosoph Gottfried Wilhelm Leibniz, «müssen Mathematiker sein.» Tatsächlich entwickelte sich die Mathematik vermutlich aus der Astronomie: Sie verdankte sich dem überlebenswichtigen Bemühen, die Bewegungen der Gestirne – und damit den für den Ackerbau wichtigen Ablauf der Tages- und Jahreszeiten – zu begreifen, zu systematisieren und dadurch vorhersagbar, eben *berechenbar* zu machen. Und da der Himmel mit seinen Sternen, Planeten und Monden zugleich als Sphäre überirdischer Mächte galt (nicht von ungefähr haben alle Planeten, mit Ausnahme der Erde, Götternamen), hatte die Mathematik von Anfang an eine enge Beziehung zur Religion: «Die Geburt der Mathematik aus der Betrachtung des Himmels», schreibt Hans Magnus Enzensberger, war «in allen frühen Zivilisationen untrennbar mit der Entfaltung religiöser Glaubenssysteme verbunden».

Am deutlichsten tritt diese Verknüpfung von Mathematik und Theologie in den apokalyptischen Schriften des Juden- und Christentums zutage: Von den 4 apokalyptischen Reitern bis zu den 144 000 Erwählten, die am Jüngsten Tag errettet werden, von den 7 Zornesschalen bis zur satanischen Zahl des Tiers 666 – unentwegt geht es um Zahlen, darum, wie sie zu berechnen sind und wofür sie stehen könnten. Wer für das Ende der Zeit gerüstet sein will, tut also gut daran, seine numerologischen Kenntnisse aufzufrischen.

0 Als die endzeitlichen Bücher der Bibel entstanden, war die Null noch gar nicht erfunden – dennoch ist sie die apokalyptische Zahl schlechthin. Schließlich stellt sie, wenn sie für sich allein steht und ergo keinen arithmetischen Wert hat, die numerische Entsprechung zum Nichts dar, eine Leerstelle, das Pendant zur Unfarbe Schwarz: «Black is the color», singt Bob Dylan in «A Hard Rain's A-Gonna Fall», «none is the number.» Die indischen Bramahnen, welche die Ziffer 0 im sechsten Jahrhundert erfanden, bezeichneten sie mit dem Begriff *shunya*, ‹leerer Raum›, unser deutsches Wort Null kommt vom lateinischen *nulla*, ‹nichts›. Vermutlich ahmt ihre Form die leere Vertiefung in einem Zählbrett nach oder den Umriss einer Kuhle, die ein Zählstein im Sand hinterlässt.

Dem Christentum war die Null über Jahrhunderte suspekt, da sie lange bevor sie sich im fünfzehnten Jahrhundert auch in Mittel- und Nordeuropa durchsetzte in der arabischen Welt Verwendung fand und daher mit dem Islam assoziiert wurde; der englische Benediktinermönch William von Malmesbury etwa bezeichnete sie im zwölften Jahrhundert als «gefährliche arabische Zauberei». Zudem symbolisierte die Null ein Konzept, das als dunkel und bedrohlich, ja als Ketzerei gelten musste: Da Gott nach christlicher Auffassung ‹von Ewigkeit zu Ewigkeit› existiert, also auch schon vor der Schöpfung da war, lag die Null – als Nichts, als Zeichen absoluter Negativität – jenseits der Sphäre des Zulässigen oder Vorstellbaren. Nicht zuletzt stellte die Null aufgrund ihrer merkwürdig-protheischen Natur, nämlich ihres Stellenwerts, auch die vermeintlich gottgegebene Hierarchie der mittelalterlichen Ständegesellschaft in Frage: Wenn sie für sich allein steht, bedeutet die Null ‹nichts› – doch sobald sie hinter einer anderen natürlichen Zahl steht, verzehnfacht sie deren Wert, hat also ungeheure Potenz: Sie machte deutlich, dass die Bedeutung (einer Zahl, aber möglicherweise auch einer Person) nicht in deren Wesen begründet ist, sondern ebenso von der ihr zugewiesenen Position abhängt. «Die Null der Stellenwertschreibung», schreibt der Mathematiker Robert Kaplan, sei nichts weniger gewesen als «der Vorbote einer Neuordnung des sozialen und politischen Raums». Sie deutete die Möglichkeit eines radikalen Wertewandels an, wie ihn auch die Denkfigur der Apokalypse verheißt.

Auch heute ist die Null noch endzeitlich besetzt. Zum einen markiert sie den Fluchtpunkt eines jeden Countdowns, den Moment, wenn der Rote Knopf gedrückt, die Bombe gezündet wird, wenn die Interkontinentalrakete startet: Der Ort, wo diese explodiert, heißt in der Militärsprache ‹Bodennullpunkt›, *ground zero*. Zum anderen vermag die 0, vor allem wenn sie zwei- oder gar dreimal nebeneinander steht, immer wieder irrationale Endzeitängste zu schüren: wenn nämlich ein christliches Jahrtausend zu Ende geht, die letzten Dezimalen des Kalenders von 999 auf 000 umspringen und an die Stelle der höchsten arabischen Ziffer eine dreifaltige Leerstelle tritt. Zugleich markiert die Null, eben weil sie für das Nichts, eine Tabula rasa steht, aber auch die Hoffnung auf einen radikalen Neuanfang: Wenn nichts mehr da ist, kann alles neu beginnen. Mit ihrer zyklischen Form gemahnt sie an das Prinzip der ewigen Wiederkehr, an die Wiedergeburt alles Vergangenen. Sie ist der Bauchraum, aus dem neues Leben entsteht.

1 Die Eins steht am Anfang der natürlichen Zahlen. Sie kann alle anderen Zahlen teilen, ist selbst aber durch diese nicht teilbar; sie ruht, wie Franz Carl Endres und Annemarie Schimmel schreiben, «in sich selbst» und steht zugleich hinter allem Geschehen: Die Eins ist das «Symbol des Ur-Einen, Nicht-Polaren, Göttlichen» schlechthin. Im hebräischen Ziffernsystem stellt sie die numerische Entsprechung zum Aleph dar; im griechischen steht sie für das Alpha, einen der Buchstaben, mit denen sich der Christus der Johannes-Apokalypse («Ich bin das A und das O, der Erste und der Letzte») identifiziert. Als Gottfried Wilhelm Leibniz im siebzehnten Jahrhundert das binäre System zur Darstellung der natürlichen Zahlen einführte, wollte er zeigen, dass die gesamte Welt aus zwei Prinzipien, Gott (1) und Nichts (0) aufgebaut ist. Und bekanntlich verehren alle drei großen Buchreligionen – das Judentum, das Christentum und der Islam – nur einen einzigen Gott.

Dieses monotheistische Prinzip wirft allerdings ein Problem auf, nämlich die sogenannte Theodizeefrage. In polytheistischen Religionen lässt sich die gebrechliche Einrichtung der Welt dadurch erklären, dass es verschiedene Gottheiten, meist mit menschlichen Charakterzügen und Schwächen, vor allem aber mit unterschiedlichen Zielsetzungen gibt: Wenn auf Erden Zwietracht herrscht, lässt sich das also als Folge eines kosmischen Konflikts verstehen. In monotheistischen Religionen hingegen ist eine einzige Instanz (JHWH, Gott, Allah) für die Schöpfung verantwortlich – und mithin auch für alles Leid, was in ihr geschieht. Warum lässt ER das trotz seiner Allmacht und Alleinstellung zu?

Eine mögliche Antwort auf diese Frage besteht darin, die Verantwortung eben doch auf mehreren Schultern zu verteilen: Das gegenwärtige Leid resultiert demnach aus einem Kampf zwischen Gott und einem (ihm zwar nicht ebenbürtigen, aber doch ernstzunehmenden) Widersacher, welcher der Menschheit Böses will. In den Qumran-Rollen wird er Belial genannt; das Neue Testament bezeichnet ihn als Satan, Widerchrist oder als Gog und Magog; muslimische Endzeitgläubige nennen ihn *ad-Daddschal*, ‹der Täuscher›. Die Vorstellung eines solchen Gegenspielers entlastet die Monogottheit von der Bürde der Alleinverantwortung: Wenn im Kosmos etwas schiefläuft, dann deshalb, weil derzeit (noch) ein böser Kontrahent die Klauen mit im Spiel hat. Vielleicht ist es kein Zufall, dass gerade der persische Prophet Zarathustra, der gegen Ende des zweiten Jahrtausends vor unserer Zeitrechung eine der ersten monotheistischen Religionen überhaupt begründete, zugleich als ‹Erfinder› des apokalyptischen Dualismus gilt. Es kann, zumindest am Ende der Zeit, nicht nur einen geben. Aus 1 mach 2.

2 Der Weltuntergang ist also eine Phase der radikalen Binarität, das Zeitalter der Entzweiung, der Zwietracht, des Zwists: Die Mächte des Lichts kämpfen gegen jene der Finsternis, die Gerechten gegen die Verdammten, Gott gegen Satan, Christus gegen den Antichristen, el-Mahdi gegen ad-Daddschal, oder in der Begrifflichkeit Zarathustras: Ahura Mazda, der ‹Herr der Weisheit›, gegen Angra Mainyu, den ‹Geist der Lüge›.

Auch wenn sich dieser Dualismus erst beim Weltuntergang in dieser Schärfe zeigt, ist er doch möglicherweise bereits im Wesen der Schöpfung angelegt: «Die Zwei ist das Auseinanderfallen der absoluten göttlichen Einheit», schreiben Endres und Schimmel, «sie ist die mit der geschöpflichen Welt verbundene Zahl.» Mit dem Auftreten von Adam und Eva als erster Zweierkonstellation der Geschichte kamen die Neugier, der Fall, die Sünde und damit letzten Endes auch die Notwendigkeit eines Endkampfs zwischen Gut und Böse in die Welt. Vielleicht begann der zersetzende Einfluss der Zwei aber auch schon früher, mit der Umzäunung des Garten Eden, mit der Trennung der Welt in Paradies und Nicht-Paradies – eine Zweiteilung, die, etymologisch folgerichtig, *Zwei*fel (ursprünglich etwa: einen gespaltenen, zweigeteilten Sinn) hervorrufen musste. «Ein Garten, das ist wunderbar erdacht», schreibt der Philosoph Hans Blumenberg, «aber an Grenzen zu stoßen weckt und erregt den Zweifel, ob Größeres nicht jenseits der Grenze warten könnte.» Wenn es eine Alternative gibt, kann man niemals sicher sein, ob die vorherrschende Situation tatsächlich die beste ist. Oder vielleicht begann der Niedergang der Welt sogar noch früher: nämlich in jenem Moment, als Gott Himmel und Erde voneinander schied und so den Konflikt zwischen himmlischer Unendlichkeit und irdischer Beschränkung allererst möglich machte.

Fest steht: Die Zweiteilung der Welt hört, zumindest in der Johannes-Apokalypse, auch mit ihrem Ende nicht auf. Beim Jüngsten Gericht versammeln sich die Glückseligen zur Rechten Gottes und die Verdammten zur Linken. Und das Neue Jerusalem, das als Heimstatt der Erlösten vom Himmel herabkommt, hat wiederum, wie einst der Garten Eden, «eine große und hohe Mauer», die es von seiner Umgebung trennt. Früher oder später werden seine Bewohner sich fragen, ob dahinter nicht eine bessere Welt zu finden ist.

3 Die Drei ist im Christentum, ja in der gesamten indoeuropäischen und semitischen Welt die wichtigste «rituelle Zahl» (Alan Dundes) überhaupt – und so kann es nicht überraschen, dass sie auch beim Weltuntergang eine wichtige Rolle spielt. Bevor es in der Apokalypse zum großen Strafgericht kommt, wird zur Warnung der sündigen Menschheit zunächst ein Drittel der Erde durch Sturm verwüstet. Ein Drittel des Meers verwandelt sich in Blut, ein Drittel der Fische verendet, die Sterne, die Sonne und der Mond büßen den dritten Teil ihrer Leuchtkraft ein, kurz darauf wird ein Drittel der Menschheit vernichtet. Den Überlebenden werden drei Engel gesandt, von denen der erste Verehrung für Gott einfordert, der zweite von der Vernichtung Babylons kündet und der dritte davor warnt, eine andere magische Zahl, nämlich das Zeichen des Tiers, die notorische 666 anzunehmen (siehe dort). Der Großteil der apokalyptischen Verwüstungen findet schließlich in drei großen Wellen oder, wie Martin Luther übersetzt, in drei «Wehen» statt.

Eine positivere Lesart der letzten Ereignisse bietet das endzeitliche Geschichtsmodell des kalabrischen Gelehrten Joachim von Fiore, das im Spätmittelalter äußerst einflussreich war und sich bei der Gliederung der Weltgeschichte an der Figur der Dreifaltigkeit orientierte. Der Joachimitischen Interpretation gemäß wird auf das Zeitalter des Alten Testaments (dem Zeitalter des Vaters) und des Neuen Testaments (dem Zeitalter des Sohnes) eine Epoche irdischer Glückseligkeit, das Reich des Heiligen Geistes folgen: «Der erste Zustand war der des Erkennens […]; der zweite ist der der Weisheit; der dritte wird der der Fülle der Intelligenz sein. Der erste war der der Knechtschaft; der zweite ist der der kindlichen Abhängigkeit; der dritte wird der der Freiheit sein. […] Der erste lag in der Nacht; der zweite in der Morgenröte, der dritte wird der des Tageslichts sein.»

Ganz gleich, wie man diesem Geschichtsmodell auch gegenüberstehen mag – die Dreiteilung, die diese und andere apokalyptische Texte strukturiert, ist so tief in unsere kulturelle Matrix eingeschrieben, dass wir selbst heute, im dritten Jahrtausend christlicher Zeitrechnung, unablässig in Trinitäten denken. So gliedern wir nicht zuletzt unsere Zeitwahrnehmung, obwohl ebenso andere Unterteilungen denkbar wären, gewohnheitsmäßig in Dreierschritte: gestern, heute, morgen. Geburt, Leben, Tod. Vergangenheit, Gegenwart, Zukunft. Die Welt wurde geschaffen; sie existiert; sie wird untergehen.

4 Während die Gliederung in Dreiheiten eine mehr oder weniger lineare historische Entwicklung nahelegt (Anfang, Mitte, Schluss), lässt die Vier erahnen, dass die Geschichte auch ganz anderes verlaufen könnte: nämlich kreisförmig. Shiva, die hinduistische Gottheit der Zerstörung, wird zum Beispiel oft mit vier Armen dargestellt, welche die zyklische Vernichtung und Erneuerung der Welt symbolisieren. Die erste Hand hält eine Trommel: Sie gemahnt daran, dass die Schöpfung der Welt rhythmisch vonstatten ging. Die zweite hält eine Flamme, die andeutet, dass diese Schöpfung unweigerlich wieder zerstört werden muss. Die dritte macht eine besänftigende Geste namens *abhaya*, ‹keine Furcht› (denn «warum sollte man sich aufregen», fragt Jean-Claude Carrière, «wenn alles, was geschaffen wurde, zerstört wird?»). Die vierte Hand schließlich deutet auf den Boden, wo der Gott gerade mit einem Fuß einen Dämon zertritt; das andere Bein weist in tänzerischem Schwung nach oben, zurück zur Trommel, mit der alles wieder von vorn beginnt.

Auch in der christlichen Vorstellung kann die Vier, allerdings eher im räumlichen Sinn, für die Gesamtheit der Welt stehen: In der Johannes-Offenbarung wird geschildert, dass vier Engel «an den vier Ecken der Erde» stehen und «die vier Winde der Erde» festhalten, woraufhin sich kein Blatt und kein Lüftchen mehr rührt: Die Ecken und Winde symbolisieren – analog zu den vier Himmelsrichtungen – den gesamten Weltkreis.

Daneben ist die Vier in der Offenbarung vor allem mit den mysteriösen Reitern der Apokalypse verknüpft: «Und ihnen wurde Macht gegeben über den vierten Teil der Erde, zu töten mit Schwert und Hunger und Pest und durch die wilden Tiere auf Erden.» Auch hier scheint die Vier – gemäß dem sprichwörtlichen Prinzip ‹eins, zwei, drei, viele› – eine umfassende Menge anzudeuten: Vier Reiter sind eine bedrohliche Anzahl, aber noch keine anonyme Reiterhorde, in der der Einzelne verschwindet. Die Vier wird daher bis heute verwendet, um den Eindruck einer das normale Maß überschreitenden Bedrohung anzudeuten: Die «vier Reiter der Apokalypse», schreibt der Philosoph Slavoj Žižek in *Living in the End Times*, seien im Spätkapitalismus «die ökologische Krise, die Folgen der biogenetischen Revolution, Ungewichtigkeiten innerhalb des Systems als solchem [....] und der explosive Anstieg sozialer Trennungen und Ausschlussmechanismen». Vermutlich hätte Žižek auch fünf oder mehr Gründe anführen können – aber die Vier gewinnt.

7 Wo die göttliche Drei der Trinität auf die dämonische Vier der apokalyptischen Reiter trifft, ergibt sich zwangsläufig die Sieben. Natürlich spielt diese heilige Zahl im gesamten jüdischen und christlichen Denken eine herausragende Rolle – die Welt wurde in sieben Tagen geschaffen, die Menora hat sieben Arme, die jüdische Tradition kannte sieben Erzengel und das christliche Mittelalter sieben Todsünden –, doch nirgends ist sie so präsent wie im judäo-christlichen Endzeitglauben: Die Sieben, schreibt der Kommunikationswissenschaftler Stephen D. O'Leary, symbolisiert «Vollkommenheit, Perfektion, Vollendung». Als solche ist sie prädestiniert für (Er)Zählungen vom Ende der Zeit.

So berichten Texte der jüdischen Apokalyptik, dass dem Kommen des Messias «7 zunehmend schwierige Jahre [...] vorangehen werden», wie der Talmud-Wissenschaftler Daniel Sperber schreibt. Erst wenn die neunundvierzigste Stufe der Verderbtheit, also die Sieben im Quadrat, erreicht ist, kann kabbalistischer Auffassung zufolge die Erlösung kommen. Dem Propheten Jeremia zufolge muss das Volk Juda siebzig Jahre lang in babylonischer Gefangenschaft verbleiben, bevor Babel zerstört und das Land der Feinde zur «ewigen Wüste» gemacht wird. Dem Propheten Daniel zufolge lässt der Anbruch des messianischen Reiches sogar siebenmal siebzig Jahre auf sich warten. Johannes von Patmos verfasste die Apokalypse in Form eines Sendschreibens «an die sieben Gemeinden in der Provinz Asien», und die Verheerungen, von denen er berichtet, kommen mehrheitlich in dieser Stückzahl: sieben Siegel werden geöffnet, sieben Posaunen geblasen, sieben Engel schütten sieben Zornesschalen aus, woraufhin sich sieben Plagen über die Menschheit ergießen. Das Bewusstsein vom apokalyptischen Stellenwert dieser Zahl lebt bis heute fort: Der hochtechnisierte Messias, der alle Jahre wieder in unsere Kinos kommt und die Welt vor dem Untergang bewahrt, trägt bekanntlich die Kennziffer 007.

Weshalb gerade der Sieben eine solch herausragende Stellung zukommt, ist umstritten: Ein Grund könnte sein, dass man diese Zahl erhält, wenn man die achtundzwanzig Tage des lunaren Monats durch die Zahl der Jahreszeiten, Winde und Himmelsrichtungen, also durch vier teilt. Vielleicht rührt die Verehrung der Sieben auch von der Anzahl der sogenannten Wandelsterne her, die mit bloßem Auge erkennbar sind und bereits im Altertum bekannt waren: Sonne, Mond, Mars, Merkur, Jupiter, Venus, Saturn. Fest steht, dass selbst die Schöpfung der Welt sich im Schatten der Sieben endzeitlich verfinstert. In der jüdischen Apokalyptik wie auch im frühen Christentum galt es als ausgemachte Sache, dass die Welt nur siebentausend Jahre alt werden würde – da sich diese Annahme auf die Zahl der Wochentage stützte, sprach man auch von der Weltwoche. Selbst Isaac Newton glaubte, dass sechstausend Jahre nach der Schöpfung ein Jahrtausend des himmlischen Friedens einkehren werde. Nach diesem langen Sabbatjahr, dem siebten Welttag, so dachte man, kommt das Ende der Zeit.

12 Das solare Jahr besteht aus zwölf Monaten, am Nachthimmel leuchten zwölf Tierkreiszeichen, der Tag dauert zwei mal zwölf Stunden – wie bei der Sieben verschränken sich in der Zwölf Zeitmessung, Himmelsbeobachtung, Sterndeutung und numerologische Willkür zu einer machtvollen Symbolik höherer Ordnung. Und wie die Sieben gilt die Zwölf als Zahl der Vollendung: Das Neue Jerusalem ist auf zwölf Grundsteinen errichtet und verfügt über zwölf Tore. Die Tore sind von zwölf Engeln gekrönt, außerdem sind sie mit den Namen der zwölf Stämme Israel versehen, und aus der Zahl dieser Stämme ergibt sich die Summe der Menschen, die laut göttlichem Ratschluss vor den Plagen der Endzeit bewahrt werden sollen: von jedem Stamm zwölftausend.

Darüber hinaus ist die Zwölf in der judäo-christlichen Tradition auch die Zahl der Offenbarung (griechisch *apokalypsis*): «Ihr biblischer Charakter als Zahl der Verkündigung ergibt sich aus dem Bild, dass die göttliche Dreieinigkeit hinaus in die vier Ecken der Welt getragen wird», schreiben Holm Friebe und Philipp Albers. Entsprechend gilt die Weltmission, also die globale Verbreitung des Evangeliums, vielen fundamentalistischen Christen bis heute als Voraussetzung für den Anbruch des Gottesreichs. «Aber das Ende ist noch nicht da», wie es in der einschlägigen Stelle im Markus-Evangelium heißt: «Das Evangelium muss zuvor gepredigt werden unter allen Völkern.» Auch

die katholische ‹Karfreitagsfürbitte für die Juden›, in der dafür gebetet wird, dass das Volk Israel endlich Christus als «Retter aller Menschen» anerkennen möge, entspringt diesem (gelinde gesagt: problematischen) Wunsch, durch Konvertierung Andersgläubiger den Weg für das endzeitliche Gottesreich freizumachen.

In Teilen des Islam kommt der Zwölf ebenfalls endzeitliches Gewicht zu. So erwarten viele schiitische Gläubige – vor allem die Imamiten oder sogenannten Zwölfer-Schiiten – die Wiederkehr des zwölften und letzten Imams Muhammad al-Mahdi: Er gilt als direkter Nachfahre des Propheten Mohammed, wurde im zehnten Jahrhundert christlicher Zeitrechnung entrückt und soll sich seitdem in Verborgenheit befinden. Seine Wiederkehr soll ein messianisches – oder besser mahdistisches – Reich Gottes auf Erden einläuten.

Gemäß der Verfassung von 1979 gilt der zwölfte Imam als eigentliches Staatsoberhaupt des Iran; eine der ersten Amtshandlungen des iranischen Präsidenten Mahmud Ahmadinedschad bestand darin, den Bau einer Autobahn von Teheran nach Dschamkaran anzuordnen und die dortige Moschee für zwanzig Millionen Dollar zu renovieren, da der Imam bei seiner Rückkehr in einer Quelle hinter dieser Moschee erscheinen soll.

Doch nicht nur Juden, Christen und Muslime – auch überzeugte Atheisten verbinden mit der Zwölf endzeitliche Vorstellungen. Um zwölf Uhr mittags steht die Sonne am höchsten, und die Zeiger unserer Uhren haben ihren höchsten Ziffernstand erreicht. Danach kann es für die Sonne, den Tag und den Stundenzeiger nur noch abwärtsgehen – entweder allmählich, wie der Sonnenlauf, oder abrupt-apokalyptisch, wie die Zeitzählung: Wenn der Stunden-, Minuten- und Sekundenzeiger gleichzeitig ihren Zenit erreichen, verliert die Zwölf auf einen Schlag ihren Wert und wird zur Null. Die Fülle schlägt um in Leere, die Perfektion wird zum Nichts. Die Zwölf steht in diesem Sinn für die Implosion der Geschichte in einem finalen Konflikt, für den sprichwörtlichen High Noon, wenn zwei verfeindete Atommächte sich zum nuklearen Showdown treffen. Seit 1947 veröffentlicht die nuklearwissenschaftliche Zeitschrift *Bulletin of the Atomic Scientists* regelmäßig ihre berüchtigte *Doomsday Clock*, die ‹Uhr des Jüngsten Gerichts›. Ihre Zeiger stehen immer auf kurz vor zwölf.

40 In der Antike galten vierzig Jahre als Lebensspanne einer Generation; wenn der Gott des Alten Testaments die sündige Menschheit einer Rundumerneuerung unterziehen wollte, tat er dies daher vorzugsweise in Vierzigerschritten. Nach seinem Auszug aus Ägypten musste das Volk Israel vierzig Jahre in der Wüste verbringen, bevor es das Gelobte Land erreichte; nach diesem Zeitraum war, wie das vierte Buch Mose formuliert, das «ganze Geschlecht, das übelgetan hatte vor dem HERRN», ausgelöscht. Vierzig Tage und Nächte war die Erde während der ersten globalen Katastrophe der Menschheit, der Sintflut, überschwemmt, bevor sie gereinigt war und die Wasser zurückgingen. Denselben Zeitraum gewährte der mittelalterliche Theologe Adso von Montier-en-Der, Verfasser des Standardwerks *Über Ursprung und Zeit des Antichristen*, jenen Menschen, welche die verruchte Zahl des Tiers auf ihrer Stirn tragen, um Buße zu tun.

666

Im dreizehnten Kapitel der Johannes-Offenbarung taucht ein mysteriöses Tier auf, das «Hörner wie ein Lamm» auf dem Kopf trägt, aber die Stimme eines Drachen hat: Offensichtlich handelt es sich um einen endzeitlichen Wolf im Schafspelz, möglicherweise um den Antichrist persönlich, auf jeden Fall um die Verkörperung des absoluten Bösen. Das Tier fordert die Menschen dazu auf, das Götzenbild einer anderen Bestie anzubeten, außerdem verlangt es, dass alle Menschen, die am Geschäftsleben teilhaben wollen, ein merkwürdiges Zeichen auf dem rechten Handrücken oder der Stirn tragen, eine Chiffre, eine Ziffer: «Hier ist Weisheit! Wer Verstand hat, der überlege die Zahl des Tieres; denn es ist die Zahl eines Menschen, und seine Zahl ist sechshundertundsechsundsechzig.»

An keiner anderen Stelle der Bibel wird die Zahl erwähnt – diese eine Nennung genügte, um sie im religiösen wie populärkabbalistischen Vokabular der westlichen Welt zu verankern: Schon William Shakespeare setzte sein wohl düsterstes Sonett über den unaufhaltsamen moralischen Niedergang der Welt an die sechsundsechzigste Stelle seines Gedichtzyklus; inzwischen ist die 666 aus keinem Heavy-Metal-Album oder Horrorfilm mehr wegzudenken. In Großbritannien werden Autonummernschilder mit dieser Zahlenfolge gar nicht mehr ausgegeben. Ja, es existiert sogar eine Angststörung, die durch eine krankhaft gesteigerte Furcht vor dieser Ziffernfolge gekennzeichnet ist, und die nach dem griechischen Wort für 666 benannt ist: Hexakosioihexekontahexaphobie.

Für den Autor der Apokalypse und seine zeitgenössische Zuhörer- und Leserschaft hatte die 666 vermutlich drei Bedeutungsebenen: Erstens handelte es sich um eine Parodie auf die 777, die dreifaltige Siebenheit und damit die Zahl der göttlichen Perfektion. Zweitens handelte es sich um eine Anspielung auf den Namen *Jesus Christus*, dem in der jüdischen und frühchristlichen Tradition der Zahlenwert 888 zugeordnet wurde. Und drittens war die 666 eine kodifizierte Umschreibung für den unter frühen Christen gleichermaßen gefürchteten wie verhassten Kaiser Nero.

Alle Buchstaben des griechischen und hebräischen Alphabets hatten nämlich zugleich numerischen Wert und konnten als Ziffern benutzt werden: Der erste Buchstabe, also das Alpha beziehungsweise Aleph, konnte für 1 stehen, der zweite für 2, der zehnte für 10, der elfte für 20, und so weiter – auf diese Weise lässt sich jedes Wort in eine Zahlenfolge oder Summe umwandeln (siehe auch die Umrechnungstabelle auf Seite 47 dieses Buchs). Was die so ermittelte Summe für Anhänger der Gematrie, wie der Name dieser kabbalistischen Wissenschaft lautet, nun so interessant macht ist, dass zwar jedes Wort nur eine ganz bestimmte Summe ergibt – dass sich aber umgekehrt jede Summe in eine schier unbegrenzte Anzahl von Wörtern aufschlüsseln lässt.

Der Weg von NERO zur 666 ist ziemlich kompliziert: Zunächst muss man den Vornamen des römischen Kaisers gräzisieren, also als NERON schreiben. Dann überträgt man diesen Namen plus den Herrschertitel – CAESAR – in hebräische Buchstaben, wertet das C von CAESAR als K-Laut (KAESAR), entfernt dann, da es sich beim Hebräischen um eine Konsonantenschrift handelt, alle Vokale (bis auf das O, das durch ein vokalisiertes *Waw* umschrieben wird) und addiert schließlich die Zahlwerte der verbliebenen Buchstaben:

N[E] + R + O + N + K[AE] + S[A]+ R
= *Nun* + *Resch* + *Waw* + *Nun* + *Kof* + *Samech* + *Resch*
= 50 + 200 + 6 + 50 + 100 + 60 + 200
= 666

Dieser Rechenvorgang setzt erkennbar eine gewisse Übereinkunft darüber voraus, was das Ergebnis sein soll – nach demselben Rechenprinzip könnte die 666 auch für das griechische Wort für ‹Heiland›, *soter*, mithin für Jesus Christus stehen (S + O + T + [E]R = *Samech* + *Waw* + *Taw* + *Resch* = 60 + 6 + 400 + 200 = 666). «Ich habe das Gefühl, dass jede andere Zahl denselben Zweck erfüllen könnte», schreibt der Schriftsteller Ian McEwan. «Man ahnt, dass hinter solchen prophetischen Rechenübungen eine enorme Sehnsucht nach Systematisierung steckt – dass zugleich aber die experimentellen wissenschaftlichen Grundlagen fehlen, die diese urmenschliche Sehnsucht, viele Jahrhunderte später, zu solcher Blüte führen sollten.»

Natürlich, darin hat McEwan recht, kann man mit etlichen anderen Zahlen zu demselben Ergebnis (nämlich dem mathematischen ‹Beweis›, dass x oder y der Antichrist ist) gelangen – aber beliebig oder gar durch «jede andere Zahl» ersetzbar ist die 666 nicht. Das lässt sich schon daran ersehen, dass mehrere Überlieferungen der Johannes-Offenbarung (darunter die älteste bekannte Quelle aus der ägyptischen Oxyrhynchus-Fundstelle) die Zahl des Tiers nicht etwa mit 666, sondern mit 616 angeben – dass sich diese Ziffernfolge auf Dauer aber nicht gegen die griffigere Schnapszahl 666 durchsetzen konnte. Ganz gleich, ob man wie die ersten Leser der Johannes-Apokalypse *hexakosioihexekontahexa* sagt oder *sechshundertundsechsundsechzig* oder *sixhundredandsixtysix*: Mit ihrer repetitiven, rhythmischen Struktur hat die 666 den Charakter eines Mantras, einer Zauberformel. Sie scheint jemanden herbeizurufen, die Gegenwart einer jenseitigen Macht zu beschwören. Nur welche Macht dies genau sein könnte, bleibt offen.

1000 Doch wer sich hinter der Zahl des Tiers auch verbergen mag: Seine Macht währt nicht lange. Das Tier wird der Apokalypse zufolge nämlich mitsamt seinem Götzen in den feurigen Pfuhl gestoßen, seine Anhänger werden erschlagen – und danach beginnt eine vergleichsweise lange Periode des Friedens und der irdischen Glückseligkeit. «Und ich sah einen Engel vom Himmel herabfahren, der hatte den Schlüssel zum Abgrund und eine große Kette in seiner Hand. Und er ergriff den Drachen, die alte Schlange, [...] und fesselte ihn für tausend Jahre, und warf ihn in den Abgrund und verschloß ihn und setzte ein Siegel oben darauf, damit er die Völker nicht mehr verführen sollte, bis vollendet würden die tausend Jahre.» In Anlehnung an diese Bibelstelle sowie den lateinischen Ausdruck für ‹tausend Jahre›, *mille anni*, wird das Reich Gottes auf Erden auch als Millennium bezeichnet, und der Glaube an ein solches endzeitliches Gottesreich als Millennialismus oder Millenarismus.

Zum Ende des vergangenen Jahrtausends hin wurde die Bedeutung dieses Begriffs im allgemeinen Sprachgebrauch aber bekanntlich stark erweitert. So wurde der Ausdruck nicht nur zur Beschreibung des neu anbrechenden dritten Millenniums nach Christus benutzt, sondern auch, um die Schwelle zu dieser neuen Epoche, das Sylvesterfest 1999/2000, zu benennen (*Happy Millennium!*) – und die Überschreitung dieser Zeitschwelle ging durchaus mit endzeitlichen Ängsten einher. «Das Ende eines Jahrhunderts und mehr noch das eines Jahrtausends stellen einen sehr praktischen Schlusspunkt dar, sei es für die ganze Welt oder auch nur für eine Ära», schreibt der Literaturwissenschaftler Frank Kermode. «Ihre Anziehungskraft verdanken [solche Daten] teils ihrem zyklischen Charakter [...] und teils der Tatsache, dass sie das Ende einer linearen Entwicklung darstellen oder heraufbeschwören.»

Im Fall der letzten Jahrtausendwende wurden die beiden Bedeutungen des Wortes Millennium, die kalendarische und die religiöse, also ineinanderteleskopiert: Der Beginn des neuen Jahrtausends wurde, zumindest von einigen Endzeitgläubigen, zugleich als kosmische Zäsur, als Beginn eines neuen Zeitalters verstanden. Wie sich schnell herausstellte, waren allerdings die meisten an diesen Datumswechsel geknüpften Erwartungen – Ängste und Hoffnungen gleichermaßen – unbegründet: Das kalendarische Millennium kam; das messianische Millennium blieb aus. Und auch in der biblischen Apokalypse ist mit dem tausendjährigen Reich noch nicht alles vorbei.

א Nach dem Millennium hat nämlich der Teufel, der doch schon eingekerkert und so gut wie geschlagen war, noch einmal ein unerklärliches Comeback: «Und wenn die tausend Jahre vollendet sind, wird der Satan losgelassen werden aus seinem Gefängnis und wird ausziehen, zu verführen die Völker an den vier Enden der Erde [...] und sie zum Kampf zu versammeln», heißt es ohne weitere Angabe von Gründen in der Apokalypse. Es kommt zur Entscheidungsschlacht – erst dann ist das Böse endgültig besiegt: Das Jüngste Gericht wird abgehalten, das Neue Jerusalem kommt vom Himmel herab, die Welt, wie wir sie kennen, vergeht, und die Weltgeschichte endet: «Es soll hinfort keine Zeit mehr sein», verkündet ein Engel. Man könnte auch sagen: An die Stelle der irdischen Zeitlichkeit (die im Juden- und Christentum stets als begrenzt angenommen wird) tritt die göttliche Unendlichkeit, die Ewigkeit.

Wie aber kann man sich, wenn überhaupt, eine solche Ewigkeit vorstellen? «Wenn man nicht annimmt, daß dieser Engel [...] habe Unsinn schreien wollen», schreibt Immanuel Kant in «Das Ende aller Dinge», «so muß er damit gemeint haben, daß hinfort keine *Veränderung* sein soll; denn wäre in der Welt noch Veränderung, so wäre auch die Zeit da, weil jene nur in dieser Statt finden kann und ohne ihre Voraussetzung gar nicht denkbar ist.» An die Stelle einer sequentiellen Abfolge von Ereignissen, Sinneseindrücken, Gedanken, Gefühlen tritt also die absolute Stasis, der Stillstand. Ob dies aus menschlicher Sicht ein besonders wünschenswerter Zustand ist, steht allerdings zu bezweifeln: «Daß aber einmal ein Zeitpunkt eintreten wird, da alle Verändrung (und mit ihr die Zeit selbst) aufhört», so Kant, «ist eine die Einbildungskraft empörende Vorstellung. Alsdann wird nämlich die ganze Natur [...] gleichsam versteinert: der letzte Gedanke, das letzte Gefühl bleiben alsdann in dem denkenden Subject stehend und ohne Wechsel immer dieselben. Für ein Wesen, welches sich seines Daseins und der Größe desselben (als Dauer) nur in der Zeit bewusst werden kann, muß ein solches Leben [...] der Vernichtung gleich scheinen.»

Man könnte sogar sagen: Eine solche Vorstellung stellt das gesamte System von göttlicher Belohnung und Strafe, das ja im Zentrum des apokalyptischen Glaubens steht, grundlegend in Zweifel. Wie nämlich sollen sich die Erwählten ihres himmlischen Daseins freuen, wenn doch in der Ewigkeit keine Sinnes- und Gemütsregungen mehr möglich sind (da diese ja nur in der Zeit stattfinden)? Selbst die Höllenqualen, die der Antichrist und seine Anhänger «von Ewigkeit zu Ewigkeit» erleiden sollen, verlieren im Angesicht einer solchen Zeit- und Veränderungslosigkeit ihren Schrecken: Wenn keine Gefühle mehr möglich sind, kann auch kein Leiden mehr stattfinden. In diesem Sinn ist das Ende der Zeit ein großer Gleichmacher: Es nivelliert die Unterschiede zwischen ‹ewiger› Belohnung und ‹ewiger› Strafe und lässt diese Kategorien gleichermaßen bedeutungslos erscheinen.

Im Prinzip stellt sich sogar die Frage, ob man einem solchen zeitlosen Zustand mit dem Begriff der Unendlichkeit oder Ewigkeit überhaupt gerecht werden kann: Denn eigentlich handelt es sich ja nur um *einen* gefrorenen Moment, einen Augenblick, einen Wimpernschlag, der in der letzten flatternden Bewegung erstarrt ist. Bezeichnenderweise wählte der Mathematiker Georg Cantor, als er Ende des neunzehnten Jahrhunderts nach einem neuen Symbol für die transfiniten Zahlen – das von ihm sogenannte «Eigentlich-Unendliche» – suchte, jenen Buchstaben des hebräischen Alphabets, der in der jüdischen Tradition den Zahlwert 1 hat: das Aleph א. Denkt man die Ewigkeit als Abwesenheit von Veränderung, so zieht sich die Zeit in einem einzigen Punkt zusammen – einem Punkt, der so unendlich klein ist, dass er für den Menschen gar nicht mehr zu erkennen ist. So wie das Universum eines Tages, nachdem es seine maximale Ausdehnung erreicht hat, wieder zusammenschnurren und schließlich in einer Art umgekehrten Urknall implodieren könnte, schrumpft auch die Unendlichkeit im א zu einer «neuen Einheit» (Cantor) zusammen. Am Ende der Zeit heißt es also möglicherweise: Alles auf Anfang. Zurück auf die 1.

x + y = Apokalypse

Wenn man das kleine Keinmaleins der Apokalypse beherrscht, kann man sich endlich einer etwas komplizierteren, ja *der* ultimativen Rechenaufgabe überhaupt widmen: nämlich der Frage, wann die Welt eigentlich untergehen wird. Zur Berechnung dieses Verfallsdatums benutzen Endzeitpropheten seit Jahrhunderten dieselbe Formel: Es handelt sich um eine simple mathematische Gleichung nach dem Muster

$x + y = z$

Der Summand x markiert dabei einen mythischen oder historisch verbürgten Ausgangspunkt, mit dem das endzeitliche Geschehen seinen Lauf nimmt. Der Summand y steht für die Zahl der Jahre zwischen diesem Zeitpunkt und dem Weltende. Und die Summe aus diesen beiden Zahlen, also z, beschreibt das Datum des Weltuntergangs. Allerdings gibt es einige grundlegende Dinge zu beachten.

X Zunächst muss man sich für ein kalendarisches System entscheiden. Im Wesentlichen stehen dabei zwei Modelle zur Auswahl: entweder ein System mit zyklischer Zeitauffassung, wie es die alten Griechen und die mesoamerikanischen Kulturen Mittel- und Südamerikas benutzten und es noch heute in Asien in Gebrauch ist. Oder ein System mit linearer Zeitvorstellung, bei dem der Zeitpfeil stetig in eine Richtung weist und es einen klaren Anfang und ein Ende gibt; das Juden- und Christentum sowie der Islam gehören zu dieser Kategorie.

Was endzeitliche Kalkulationen anbelangt, sind Kalender, die von einer solchen vektoriellen Zeitvorstellung ausgehen, historisch gesehen weitaus produktiver gewesen als Kalender, welche die Zeit als kreisförmig beschreiben (obwohl im Zuge der religiösen Globalisierung, wie spätestens seit dem 21. Dezember 2012 bekannt sein dürfte, auch zyklische Modelle wie der Maya-Kalender von westlichen Apokalyptikern für Endzeitberechnungen adaptiert wurden). Natürlich lässt sich auch für zyklische Zeitsysteme ein kalendarischer Punkt x bestimmen, von dem aus man zu rechnen beginnen kann: Die sogenannte Lange Zählung des Maya-Kalenders begann, in die westliche kalendarische Tradition übertragen, am 13. August 3114 vor Christus. Und das Kaliyuga, das letzte der vier Weltzeitalter des Hinduismus, soll im Jahr 3102 vor der christlichen Zeitrechnung begonnen haben – allerdings: weder zum ersten noch zum letzten Mal. Auf das Ende des Kaliyuga wird hinduistischem Glauben zufolge unweigerlich ein neues, besseres Zeitalter folgen, und auf dieses, nach Tausenden von Jahren und vielen weiteren Yugas, irgendwann wieder ein Zeitalter des Kali:

$x = z$

Wenn aber die Zeit, in den Worten Friedrich Nietzsches, «gleich einer Sanduhr immer wieder umgedreht wird», verliert ihr (vorläufiges) Ende doch erheblich von seinem Schrecken; ja, möglicherweise hilft die Vorstellung einer zirkulären Zeit sogar, diesen Schrecken zu bändigen. Der kreisförmige Kalender der Maya entsprang, wie der Mathematiker Robert Kaplan schreibt, der Furcht, «dass die Zeit linear wäre und daher enden könnte. Um dies zu verhindern, zwängten sie ihr einen exakt umrissenen Zyklus nach dem anderen auf.»

Begreift man den Geschichtsverlauf hingegen als linear und unwiederholbar, so kommt der Vorstellung eines historischen Punktes x, von dem aus die Weltgeschichte unaufhaltsam auf ihre Vollendung zuläuft, entscheidende Bedeutung zu. Das Judentum setzt als diesen Nullpunkt die Schöpfung der Welt (nach christlicher Zeitrechnung der 7. Oktober 3761 v. Chr.), das Christentum die Geburt Jesu, die islamische Zeitrechnung beginnt mit der Auswanderung des Propheten Mohammed von Mekka nach Medina (im westlichen kalendarischen System der 16. Juli 622). Neben diesen Daten wurden und werden von Endzeitmathematikern aber immer wieder auch andere historisch und/oder religiös bedeutsame Momente gewählt, um die apokalyptische Uhr auf Null zu eichen, um den Summanden x festzulegen: Unter anderem galten die Gründung Roms, die Zerstörung des Tempels in Jerusalem, die Auferstehung Jesu, der Beginn des Papsttums und der Untergang des weströmischen Reichs als Ausgangspunkte. Die historische Bedeutung des Zeitpunkts x hat dabei – und das unterscheidet die apokalyptische Algebra von anderen, profaneren Formen der Mathematik – entscheidenden Einfluss auf den zweiten Summanden y.

y Es gibt drei Möglichkeiten, wie x den Summanden y beeinflussen kann. Erstens: Markiert x die Erschaffung der Welt, so muss y notwendigerweise der mutmaßlichen Dauer der Weltgeschichte entsprechen – und diese beträgt, entsprechend dem Prinzip der Weltwoche, in der Regel sechstausend Jahre. «Und der Herr schuf in sechs Tagen die Werke seiner Hände, und am siebten Tage hatte er sie vollendet, und er ruhte an diesem Tage und heiligte ihn», heißt es im Barnabasbrief aus dem zweiten Jahrhundert: «Das heißt, daß in sechstausend Jahren der Herr alles vollenden wird; denn der Tag bedeutet bei ihm tausend Jahre.»

$y = 6000$

Die Auffassung, dass ein göttlicher Tag tausend Menschenjahren entspricht, verdankt sich dabei dem neunzigsten Psalm, wo es heißt: «Denn tausend Jahre sind vor dir wie der Tag, der gestern vergangen ist, und wie eine Nachtwache», sowie einer vielzitierten Stelle aus dem zweiten Petrus-Brief: «Ein Tag vor dem Herrn [ist] wie tausend Jahre [...] und tausend Jahre wie ein Tag.» Dieser Rechenmethode bediente sich im siebzehnten Jahrhundert der irische Erzbischof James Ussher, als er die Erschaffung der Welt auf das Jahr 4004 vor Christus – genauer: den 22. Oktober – datierte und entsprechend das Weltende für den 23. Oktober 1997 vorhersagte.

Zweitens: Fand am Zeitpunkt x ein besonders glückliches Ereignis statt, also zum Beispiel aus christlicher Sicht die Auferstehung Jesu, dann könnte damit möglicherweise bereits das Millennium begonnen haben – und dieses beträgt per definitionem tausend Jahre:

$y = 1000$

Da der Teufel am Ende dieser Ära irdischer Glückseligkeit, wie wir gesehen haben, noch einmal für kurze Zeit freikommt, ist in diesem Fall nach x + y Jahren besondere Vorsicht geboten: So grassierten im zehnten Jahrhundert Spekulationen, dass das Jahr 1033 (also das Jahr von Christi Auferstehung + das Millennium = 33 + 1000) apokalyptische Verwerfungen mit sich bringen könnte.

Begann, drittens, mit dem Jahr x hingegen eine Epoche des ausgeprägten Leidens oder der Unterdrückung, so gilt es zu berechnen, wie lange solche Perioden der göttlichen Bestrafung in der Regel andauern. Hierzu machen die biblischen Quellen nun äußerst widersprüchliche Angaben – was, positiv betrachtet, eine große Bandbreite von Berechnungen zulässt: Der Johannes-

Offenbarung zufolge hat das antichristliche Tier zweiundvierzig Monate Zeit, seinen Neigungen zu frönen, bevor es mitsamt seinen Anhängern vernichtet wird. Das Buch Daniel gewährt, je nachdem, an welcher Stelle man es aufschlägt, der Herrschaft des Bösen wahlweise siebzig Wochen, «eine Zeit und zwei Zeiten und eine halbe Zeit» (also vermutlich dreieinhalb Jahre), zweitausenddreihundert Abende und Morgen oder tausenddreihundertfünfunddreißig Tage.

Aber stehen die Tage in diesen Zeitangaben in Wirklichkeit für *Jahre* (wie das Buch Hesekiel nahelegt, wo jeder Tag, an dem der Prophet Qualen erdulden muss, ein Jahr des Leidens für Israel bedeutet)? Oder steht jeder prophetische Tag, in Analogie zum oben erläuterten Prinzip der Weltwoche, sogar für *tausend Jahre*? In diesem Fall bewegte sich y, also die Zahl der verbleibenden Jahre bis zum Jüngsten Gericht, fast immer im Millionenbereich. Bezeichnenderweise haben die meisten apokalyptischen Arithmetiker bei ihren Berechnungen der Endzeit nicht etwa diese zweite (durch die Denkfigur der Weltwoche hinlänglich bekannte und historisch legitimierte) Formel benutzt, sondern sich stets für einen kürzeren Zeitraum entschieden und ‹1 Tag = 1 Jahr› interpretiert.

Z Dies weist auf eine weitere Besonderheit der apokalyptischen Algebra hin: Der Summand x beeinflusst nicht nur den Summanden y – die Summe z, die durch die Addition von x und y ja eigentlich erst ermittelt werden soll, wirkt sich auch auf ihre beiden Summanden aus. Mit anderen Worten: Das Resultat solcher Rechenübungen steht zwar nicht gerade im Voraus fest, die Gleichung ist aber auch nicht völlig ergebnisoffen. Es gibt einen gewissen Erwartungshorizont, einen numerischen Rahmen, innerhalb dessen sich z bewegen sollte.

Erstens sollte das vorhergesagte Datum für den Weltuntergang, sowohl aus Gründen der Logik als auch des Suspense, idealerweise in der Zukunft liegen; bezeichnet man das Jahr, in dem die Prophezeiung verlautbart wird, mit dem Buchstaben n, ergibt sich also die Formel

$$z > n$$

Ist wider Erwarten $z < n$, liegt der errechnete Weltuntergangstermin also in der Vergangenheit, so tut man als Apokalypsearithmetiker gut daran zu erklären, weshalb das irdische Unrecht immer noch besteht, warum das endgültige Ende noch nicht eingetroffen ist. Berechnungen der afroamerikanischen Nation of Islam zufolge endeten die sechstausend Jahre der Weltwoche, während der die Erde von ‹weißen Teufeln› beherrscht wurde, beispielsweise im Jahr 1914. Als das religiöse Oberhaupt der Black Muslims, Elijah Muhammad, zu erklären versuchte, weshalb das Jüngste Gericht mehr als fünfzig Jahre später immer noch nicht stattgefunden hatte, bemühte er das überraschende Bild eines Gottes, der sich Sorgen um seinen guten Ruf macht, um das Ausbleiben der Parusie zu erklären: «Warum vernichtete Gott die Übeltäter nicht 1914, wenn in diesem Jahr doch das Ende der Welt war?», fragt er in dem Buch *The Science of Time.* «Wenn man die Geschichte [...] betrachtet, wird man feststellen, dass der Allmächtige Gott Allah die Menschen nie genau dann vernichtete, wann er ihre Vernichtung angedroht hatte. [...] Er gewährte ihnen zusätzliche Zeit, damit die Historiker, Schriftsteller, Wissenschaftler und Gelehrten Ihm keine Vorwürfe dafür machen würden, dass er den Menschen keine Gelegenheit gab, Buße zu tun, falls sie das wollten.»

Allerdings, und zum Zweiten, sollte das Datum z auch nicht in der unmittelbaren Zukunft liegen, da die Vorhersage sonst zu schnell widerlegt sein könnte (wenn die prophezeiten Ereignisse nämlich nicht eintreffen). Den Weltuntergang für den nächsten Tag, Monat oder auch das nächste Jahr zu kalkulieren, wäre verschwendete Rechenleistung; zwei Jahre sollte man apokalyptischen Prophezeiungen mindestens geben, um ihre ominöse Wirkung zu entfalten, also:

$z \geq n + 2$

Zum Dritten und Letzten dürfen die prophezeiten Ereignisse aber auch nicht in allzu weiter Ferne liegen, da sie sich sonst im Nebel der Unendlichkeit oder zumindest des Unvorstellbaren verlieren; würde man heute den Weltuntergang für das Jahr 3000 vorhersagen, könnte man damit vermutlich keinen Endzeitgläubigen hinter dem Ofen hervorlocken. Das Datum muss eine historische Nähe und Dringlichkeit haben, die sich der zeitgenössischen Zuhörerschaft unmittelbar erschließt: «Wenn man ein zukünftiges Ereignis vorhersagt [...] und sich der Aufmerksamkeit seines Publikums gewiss sein will, dann liegt der weiteste zeitliche Horizont, den man für die Erfüllung dieser Prophezeiung abstecken kann, vermutlich bei der Dauer einer Generation», schreibt Stephen D. O'Leary. «Die Zuhörer müssen glauben können, dass sie beim Eintreffen der Vorhersage noch am Leben sein werden; sonst verlieren sie an Interesse.» Geht man davon aus, dass eine Generationenspanne in der westlichen Welt derzeit ungefähr dreißig Jahre umfasst, so ergibt sich also die Gleichung

$$z \geq n + 30$$

Als der US-amerikanische Prediger und wohl erfolgreichste Endzeit-Prophet der modernen westlichen Welt, William Miller, Anfang des neunzehnten Jahrhunderts den Weltuntergang berechnete, ließ er entsprechend nicht locker, bis er die (seinerzeit allgemein bekannten und akzeptierten) Kalkulationen von Erzbischof James Ussher widerlegt und das Datum der Apokalypse um eineinhalb Jahrhunderte vorverlegt hatte: Die sechstausend Werkjahre der Weltwoche, ließ Miller 1832 nach Jahren des Rechnens wissen, endeten nicht etwa erst 1997, sondern bereits 1843. Millers Prophezeiungen fielen auf fruchtbaren Boden: Als das fragliche Datum näher rückte, hatte er um die fünfzigtausend Anhänger um sich geschart. Höchstwahrscheinlich trugen sozioökonomische Faktoren dazu bei, die von Miller geschürten Endzeitängste zu verstärken – in den 1830er Jahren durchlief die amerikanische Wirtschaft eine schwere Krise; und als im November 1833 ein besonders imposanter Meteorsturm über Neu-England zu sehen war, schien das Millers Vorhersagen ebenfalls zu bestätigen. Vor allem dürfte aber Millers Gespür für Timing zu seinem prophetischen Erfolg beigetragen haben:

$$z = n + 11$$

Ein gutes Jahrzehnt zwischen Vorhersage und Erfüllung – das ließ seinen Prophezeiungen Zeit zur Entfaltung, war aber doch aktuell genug, um von Millers Zeitgenossen als dringliche Drohkulisse wahrgenommen zu werden. Auch von den heute gängigen Untergangsszenarien weist interessanterweise kaum eines über die Jahrhundertmitte und damit den Lebenserwartungshorizont der jetzigen Erwachsenengeneration hinaus: Die neureligiöse Bewegung der Raëlianer erwartet das Eintreffen der gottgleichen Elohim für das Jahr 2035. Die ‹Singularität›, also der Anbruch einer endzeitlichen Computerherrschaft, soll dem ePropheten Ray Kurzweil zufolge um das Jahr 2045 stattfinden. Und Prognosen über die katastrophale Entwicklung des Weltklimas beziehen sich in der Regel auf das Jahr 2050. Wir rechnen mit der Katastrophe fast immer innerhalb unserer erwartbaren Lebensspanne; bestenfalls beziehen wir noch unsere Kinder (von denen wir die Erde, einem alten

Slogan der Grünen zufolge, nur geborgt haben) und maximal die Enkel in unsere Berechnungen mit ein. Nach uns, und unseren nächsten Nachkommen, die Sintflut.

() Nachdem sich William Millers Berechnungen 1844 durch das beharrliche Fortexistieren der Welt als falsch erwiesen hatten, kam das Berechnen präziser (und damit empirisch widerlegbarer) Weltuntergangsdaten zunehmend aus der Mode. Gegen Ende des neunzehnten Jahrhunderts setzte sich stattdessen, vor allem in der angelsächsischen Welt, das Modell des englischen Geistlichen John Nelson Darby durch. Darby vermied es, Daten zu nennen, sondern unterteilte die Geschichte der Menschheit stattdessen in eine Reihe von großen heilsgeschichtlichen Epochen oder Dispensationen: Die Zeit im Paradiesgarten, die Zeit zwischen der Vertreibung aus dem Paradies und der Sintflut, die Zeit Noahs und so weiter. Seit etwa zweitausend Jahren befindet sich die Menschheit Darby zufolge nun im sogenannten *Church Age*, der letzten Epoche vor den katastrophalen Ereignissen der Endzeit. Dieses Zeitalter bezeichnete Darby auch als *Great Parenthesis*, als ‹Großen Einschub›: Es ist nur eingeklammert, ein Zwischenspiel vor dem Finale; ein Zeitraum von unbestimmter Dauer, der jeden Augenblick mit der sogenannten *Rapture* enden kann, jenem Moment vor der Schlacht von Armageddon, wenn die Gläubigen unvermittelt in die Lüfte emporgehoben und so vor der endzeitlichen Vernichtung bewahrt werden.

Neben dieser Aussicht auf Erlösung, ja auf wortwörtliche Erhebung über die Leiden der Welt hat wohl vor allem die Kombination aus zeitlicher Unbestimmtheit und endzeitlicher Dringlichkeit dazu geführt, dass Darbys Rechensystem sich bis heute bei Endzeitgläubigen großer Beliebtheit erfreut: Wohl kaum ein anderes System vermag zugleich das Ausbleiben des verheißenen Gottesreichs zu erklären und die eschatologische Naherwartung wachzuhalten. Auf der prophetischen Uhr des Dispensationalismus ist es immer kurz vor zwölf – und keiner kann genau vorhersagen, wann sie wieder zu ticken beginnt und die letzte Minute geschlagen hat:

x + y = ( )

Wie wir gesehen haben, ist es selbst für erfahrene Apokalypsearithmetiker schwierig, das genaue Datum des Weltuntergangs zu berechnen – und es ist mit Risiken verbunden. Die Anhänger William Millers bauten ihre Enttäuschung über das Ausbleiben des Untergangs offenbar vor allem durch den Tränenkanal ab: «Unsere sehnlichsten Hoffnungen und Erwartungen waren zerstört», erinnerte sich ein *Millerite* an den Morgen danach. «Wir weinten und weinten, bis der Tag anbrach.» Die Anhänger des indonesischen Sektenführers Saiman Koto hingegen, der für den 9.9.1999 um neun Uhr morgens einen apokalyptischen Taifun vorhergesagt hatte, gingen weitaus radikaler vor: Als der Sturm ausblieb, attackierten aufgebrachte Gläubige (die im Vorfeld des vermeintlichen Weltuntergangs teilweise ihr ganzes Hab und Gut verkauft hatten) das Haus des Propheten. Drei Menschen starben, der Sektenführer selbst konnte schwerverletzt entkommen. Von genauen Berechnungen des Weltuntergangsdatums hat er seitdem offenbar Abstand genommen.

Fristlose Verkündigung

Wenn man die in den vorangegangenen Kapiteln beschriebenen apokalyptischen Grundkenntnisse beherrscht, kann man sich allmählich Gedanken darüber machen, selbst ein Prophet des Untergangs zu werden. Die Vorteile liegen auf der Hand: Indem man Voraussagen über das Ende der Welt macht, gewinnt man, zumindest zeitweilig, eine gewisse Deutungshoheit über die Zukunft. Schließlich ist die Apokalypse ein Ereignis, das seinem Wesen nach nur in der Zukunft, oder besser: in *Prophezeiungen* über die Zukunft stattfindet. Der Weltuntergang ist, in den Worten Jacques Derridas, «auf *fabulöse Weise* [...] *textuell*»: Er existiert «nur dadurch [...], daß man von ihm spricht, und nur dort, wo man von ihm spricht.» Die Prophezeiung des Weltendes ist stets mehr als nur eine Vorhersage – sie ist gewissermaßen mit den Ereignissen, die sie prophezeit, identisch, sie bringt sie allererst hervor. Die apokalyptische Rede, so der Kulturtheoretiker Hartmut Böhme, ist «der Arbitrarität und Konventionalität der Sprache entzogen. Die Sprachzeichen sind die Gegenwart des Wesens der Sache, dessen also, ‹was geschehen muß›.»

Dies weist auf eines der zentralen Paradoxe einer jeden endzeitlichen Prophezeiung hin: Der Weltuntergang existiert ausschließlich im Text, nur dadurch, dass von ihm gesprochen wird – wenn er aber tatsächlich einmal stattfinden sollte, wird es niemanden mehr geben, der von ihm sprechen könnte. Möglicherweise hat man als Endzeitprophet zumindest für einen flüchtigen Augenblick die Genugtuung, ihn angekündigt zu haben; wie der Dichter Friedrich Hebbel vermerkte: «Es gibt Leute, die sich über den Weltuntergang trösten würden, wenn sie ihn nur vorhergesagt hätten.» Folgende rhetorische Regeln sollte man dabei beherzigen.

Sag die Wahrheit! Allerdings keine Wahrheit, die offen zutage liegt, sondern eine verborgene, unterdrückte, geheime Wahrheit. Da sich die Wahrheit des Apokalyptikers ihrem Wesen nach gegen die herrschenden Verhältnisse wendet, entspricht sie selten dem gesellschaftlichen Konsens; sie gibt keine Mehrheitsmeinung wieder und ist nicht im friedlichen Dialog herstellbar, sondern kann nur verkündet werden. Die idealtypische apokalyptische Prophezeiung beginnt daher mit den Worten: ‹Ihr habt gehört, dass gesagt ist …› und lässt darauf den Satz ‹Ich aber sage euch …› folgen. Es ist in diesem Zusammenhang bezeichnend, dass der ehemalige amerikanische Präsidentschaftskandidat Al Gore seinen Dokumentarfilm über den drohenden Klimakollaps *An Inconvenient Truth* taufte: Indem er eine ‹unbequeme Wahrheit› verkündete, bediente sich Gore des apokalyptischen Tons.

Der Enthüllungscharakter der endzeitlichen Wahrheit klingt bereits in dem Wort Apokalypse an: Das griechische Verb *apokalypto* bedeutet ‹ich entdecke›, ‹ich offenbare›, bezeichnet also die Preisgabe von etwas, das zuvor kaschiert war. Der Begriff ist etymologisch mit dem Wort Eukalyptus verwandt, dem Name jenes Baums, dessen Blüten während des Knospenstadiums *eukalyptos*, also gut unter Hüllblättern versteckt sind. Auch der Name der Nymphe Kalypso, die verborgen auf einer griechischen Insel lebt, leitet sich von diesem Wortstamm her. Die Apo-kalypse ist der radikale Gegenentwurf zu solchen Geheimniskrämereien: Sie reißt den Schleier von der Welt. Sie entfernt die Blütenblätter, wirft Licht in die finstersten Inselgrotten und zerrt das wahre Wesen des Menschen zutage.

Keine Widerrede! Für lautes Denken, Diskussionen, ein dialektisches Für und Wider ist eine solche Enthüllung natürlich der falsche Anlass: Da der Weltuntergangsprophet nicht irgendeine, sondern *die* Wahrheit verkündet, und da er für die gesamte Menschheit in Vergangenheit, Gegenwart und Zukunft spricht, kann er keine Ausnahmen machen und keinen Widerspruch dulden: Seine Rede ist autoritativ, nicht selten autoritär. «Die apokalyptische Sprache erzeugt auf allen Dimensionen All-Sätze», schreibt Hartmut Böhme, «hinsichtlich des Inhalts, der die Summe aller Ereignisse bis zum letzten Glied durchläuft; hinsichtlich der Adressaten, die alle früher, jetzt und künftig Lebenden umfassen […]; und hinsichtlich des Sprechers, der als erwählter Einziger das Medium des Allumfassenden, nämlich Gottes und Jesu Christi darstellt.» Ihrer Form nach ist die apokalyptische Rede ein Monolog, und zwar einer, der nicht unterbrochen oder hinterfragt werden darf. Was der Weltuntergangsprophet sagt, gilt; wenn er spricht, müssen die anderen zuhören. Aber: Wer spricht eigentlich?

Sei nicht du selbst! Die grenzenlose Autorität des Endzeitpropheten rührt vor allem daher, dass im Grunde nicht er selbst spricht, sondern dass er das Sprachrohr einer höheren Macht ist, das Medium eines göttlichen Senders, der durch ihn mit den Gläubigen kommuniziert: Apokalyptisches Sprechen, so Böhme, ist «eine komplexe Form von ‹postalischem› Verkehr zwischen Gott und Menschen». Die Tatsache, dass der Prophet eine Art Briefträger ist, verleiht seinen Aussagen aber nicht nur Autorität, sondern nimmt zugleich einen Teil der Verantwortung von seinen Schultern: Er verkündet ja nur, was ihm aufgetragen wurde. Dennoch geht der Prophet ein gewisses Risiko ein, da die Frage, ob seit der Niederschrift des Tanach, der Bibel beziehungsweise des Koran Menschen überhaupt noch göttliche Offenbarungen zuteilwerden, höchst umstritten ist, und der Zukunftsseher sich daher des Verdachts erwehren muss, ein Häretiker oder gar falscher Prophet zu sein (wie sie gerade im Vorfeld des Weltuntergangs vermehrt ihr Unwesen treiben). Der kluge Weltuntergangskünder tut daher gut daran, seinen Prophezeiungen einen entsprechenden Haftungsausschluss voranzuschicken, wie dies schon Amos im Alten Testament tat und seitdem Generationen anderer Endzeitprediger getan haben: ‹Ich bin kein Prophet noch ein Prophetenjünger. *Aber …*›

Denke positiv! Wie wir gesehen haben, nehmen Naturkatastrophen, soziale Verwerfungen und die menschliche Niedertracht mit dem Näherrücken des Weltendes stetig zu. Allerdings hält dieses Ende für den Apokalyptiker und seine Gemeinde in der Regel eine Belohnung bereit: Kein guter Prophet predigt das Ende aller Dinge, ohne seiner Zuhörerschaft die eigene Erlösung in Aussicht zu stellen. Dies erlaubt dem Weltuntergangsprediger, auf paradoxe Weise alle negativen Ereignisse in positive Heilsversprechen umzudeuten: Je mehr Katastrophen und Ungerechtigkeiten stattfinden, desto besser – bedeuten sie doch, dass der Tag der Richtigstellung nicht weit ist. «Wenn schreckliche Dinge passieren, wenn die Regierungen und Systeme dieser Welt zusammenbrechen, dann sollten wir nicht weinen», ermahnte der legendäre Televangelist Pat Robertson einmal seine Anhänger. «Wir sollten nicht die Hände ringen und sagen: ‹Ist das nicht schrecklich?› Das ist überhaupt nicht schrecklich. Das ist sogar gut. Das ist […] ein klares Zeichen unserer Erlösung.» Indem der Weltuntergangsprediger die Tragödien dieser Welt nicht als

Ergebnis von politischen, ökonomischen, ökologischen oder sozialen Prozessen interpretiert, sondern als himmlische Zeichen deutet, bettet er sie in eine mythische Erzählung ein – eine Geschichte, an deren Ende, zumindest für ihn und seine Anhänger, ein Happy End steht.

Argumentiere irrational! Eine solche Haltung, die wissenschaftliche Erklärungsmuster zugunsten von mythischen Heilserzählungen ausblendet und dabei menschliches Leid, gesellschaftliches Chaos und Katastrophen in Kauf nimmt, ja diese sogar als positive Zeichen willkommen heißt, ist natürlich schwer mit einem aufgeklärt-rationalen Weltbild in Deckung zu bringen: Der Glaube an den Weltuntergang setzt dem modernen Fortschrittsgedanken die Vorstellung von Rückschritt und Verfall entgegen; er ist dezidiert zivilisationspessimistisch. Dies zeigt sich auch an der *Sprache* des apokalyptischen Predigers: Sie appelliert eher an die Gefühle, und hier vor allem an extreme Emotionen wie Rache und Hass, als an den Verstand. Sie verwendet eher konkrete, synästhetische Bilder als Abstrakta (selbst Zahlen haben im Weltbesiegelungsdiskurs eine merkwürdig sinnliche Qualität – man denke an die mysteriöse Sieben oder die verstörend serielle Sechshundertsechsundsechzig). Sie ist, mit einem Wort, nicht begrifflich-präzise, sondern poetisch.

Die rohe, bildhafte, bisweilen psychedelisch anmutende Sprache vieler Weltuntergangsprophezeiungen hat dabei durchaus auch eine politische Funktion: Sie lässt sich als bewusste Weigerung verstehen, an dem vorgeblich rationalen Diskurs der herrschenden Klasse teilzunehmen (der bekanntlich nicht selten zu irrationalen Ergebnissen führt). Daneben dient sie nicht zuletzt der rhetorischen Überwältigung: «Und er zeigte mir einen Strom lebendigen Wassers, klar wie Kristall, [...] und auf beiden Seiten des Stromes Bäume des Lebens, [...] jeden Monat bringen sie ihre Frucht» (Offenbarung 22). «Siehe, die Gottesfürchtigen sind an sicherem Ort, in Gärten und an Quellen, gekleidet in Seide und Brokat [...]. Als Gattinnen geben wir ihnen Mädchen – mit großen schwarzen Augen» (Koran, Sure 44). Wer freute sich angesichts solcher poetischen Jenseitsverheißungen nicht auf den Untergang?

Bleib dabei! Wenn diese Verheißungen sich nicht erfüllen, wenn das Weltgericht also allen Prophezeiungen zum Trotz immer wieder vertagt wird, dann bleibt für den Weltuntergangspropheten eigentlich nur eins zu tun: unbeirrt bei seinen Prognosen zu bleiben und weiterhin das Ende der Welt vorauszusagen, und zwar selbst dann, wenn er leichtfertig ein Datum gesetzt und dieses ergebnislos verstrichen sein sollte. Folgt man dem Sozialpsychologen Leon Festinger, so kann das Scheitern der apokalyptischen Prophetie nämlich zu einem noch stärkeren Zusammenhalt innerhalb der Gruppe führen. Die faktische Widerlegung der endzeitlichen Vorhersagen führt also paradoxerweise dazu, dass die Gläubigen umso vehementer an ebenjenen Vorhersagen festhalten. Festinger erklärt dies mit dem Modell der «kognitiven Dissonanz»: Wenn die innersten Überzeugungen eines Menschen nicht mit der Realität in Einklang zu bringen sind, dann ist es einfacher, an den Überzeugungen festzuhalten, als sich die grundlegende Fehlerhaftigkeit des eigenen Weltbilds einzugestehen. Vereinfachend könnte man diese Haltung auch mit dem Durchhalteslogan zusammenfassen: Jetzt erst recht!

Wichtig ist allerdings, dass der Prediger für das Ausbleiben der von ihm vorhergesagten Ereignisse eine mehr oder minder plausible Erklärung liefert, welche die kognitive Dissonanz für seine Anhänger erträglicher macht. Der fatale Fehler des indonesischen Sektenführers Saiman Koto, der schließlich zu den oben beschriebenen blutigen Ausschreitungen führte, bestand offenbar darin, dass Koto seinen aufgebrachten Anhängern eine solche Erklärung verweigerte. William Miller hingegen konnte den Weltuntergang nach dem Scheitern seiner ersten Prognose noch zweimal nachdatieren, bevor seine Anhänger restlos vom Glauben abfielen: Nachdem das Jahr 1843 ereignislos zu Ende gegangen war, dehnte er den Erwartungshorizont zunächst auf das Jüdische Jahr aus und proklamierte schließlich, als auch dieses unspektakulär ausgetröpfelt war, den 22. Oktober 1844 als wirklich allerallerletztes Datum für den Weltuntergang.

Doch so widerstandsfähig ein Glaubenssystem auch sein mag – ab einem gewissen Punkt kann der eigene Irrtum nicht mehr erklärt, die kognitive Dissonanz nicht mehr toleriert werden. «Drei aufeinanderfolgende Nichtbestätigungen genügten schließlich, um dies bei den Millerianern auszulösen», schreibt Leon Festinger. «Als der 22. Oktober 1844 herangerückt war und vorüberging, ohne daß die zweite Wiederkunft stattgefunden hatte, wurde der

Glaube daran endgültig aufgegeben, und die Bewegung fand ein schnelles und plötzliches Ende.» Was für Straftäter in zahlreichen amerikanischen Bundesstaaten gilt, scheint auch für Untergangspropheten im Neuengland des neunzehnten Jahrhunderts gegolten zu haben: *Three strikes, you're out.* Mehr als dreimal sollte man sich nicht irren.

Sei der Letzte! Natürlich muss jeder Prophet des Untergangs mit einem grundlegenden Widerspruch leben: Er steht in einer jahrtausendealten Tradition, ist also beileibe nicht der Erste, der behauptet, dass demnächst die Welt untergeht – er muss seinen Anhängern aber glaubhaft versichern, dass er der Letzte ist. Vor ihm erstreckt sich ein Trümmerfeld gescheiterter Vorhersagen, eine Parade von Propheten, die Unrecht hatten – er muss aber klarmachen, dass nach ihm keiner mehr kommen wird.

Zum Glück spielt dem Propheten hierbei die menschliche Psyche in die Hände. Zum einen neigt der Mensch in seiner unverrückbaren Ichbezogenheit dazu, die eigene Lebenszeit oder zumindest die seiner unmittelbaren Nachkommen als identisch mit der verbleibenden Weltzeit anzunehmen: Immerhin jeder achte Deutsche ist, einer Umfrage aus dem Jahr 2012 zufolge, der Meinung, dass die Welt noch zu seinen Lebzeiten untergehen wird; in den USA, wo der Endzeitglaube traditionell ausgeprägter ist als in europäischen Ländern, ist es sogar jeder fünfte. Zum anderen hält er die eigene Lebenswelt offenbar routinemäßig für die schlechteste aller möglichen und glaubt daher nur zu gern, dass sie dem Untergang geweiht ist. «Ich weiß wohl, daß jeder denkende Mensch seine Zeit für die allererbärmlichste hält», meinte schon Arthur Schopenhauer, «aber ich muß gestehn, daß ich von der Illusion nicht frei bin.»

Dennoch tut der angehende Weltuntergangsprophet gut daran, seinen Gläubigen die folgende Liste fehlgeschlagener Prophezeiungen und apokalyptischer Geschichtsdeutungen vorzuenthalten: Die historische Perspektive könnte den Skeptischeren unter ihnen ihre einmalige Stellung am Ende der Zeit doch zweifelhaft erscheinen lassen. Zugleich sollte er selbst diese Daten umso gründlicher studieren, um aus den Fehlern seiner Vorgänger zu lernen.

[Name]
[Straße, Hausnr.]
[PLZ, Stadt]
[Telefonnummer, Fax]

[Ort, Datum]

Mahnung

Sehr geehrter [Gottesname/Respektsformel],

ich bin ein langjähriger Kunde Ihrer Glaubensrichtung und war mit Ihren Leistungen bisher immer sehr zufrieden.

Nun habe ich bei Durchsicht meiner Unterlagen festgestellt, dass der von Ihnen für den [TT.MM.JJJJ] zugesagte Weltuntergang bisher leider immer noch nicht eingetroffen ist. Ich möchte Sie daher dringend bitten, innerhalb von vierzehn Tagen nach Erhalt dieses Schreibens auf die Erde zu kommen und die von Ihnen zugesagten Leistungen zu erbringen.

Sollten Sie bereits auf dem Weg sein, so betrachten Sie dieses Schreiben bitte als gegenstandslos.

Mit freundlichen Grüßen,

[Unterschrift]

Lauter Letzte Tage

Um 1200 v. Chr. Dem altorientalischen Gilgamesch-Epos zufolge beschließen die Götter, die Menschheit wegen ihrer Freveltaten durch eine große Flut auszulöschen – doch wie in polytheistischen Religionen üblich, besteht unter den Gottheiten Uneinigkeit über das genaue Vorgehen und Ausmaß der Katastrophe. Durch eine Indiskretion des Gottes Ea erfährt ein Mann namens Utnapischtim von den zerstörerischen Plänen der Götter, baut daraufhin sein Haus zu einer Arche um und kann so sich, seine Frau und «aller Lebewesen Samen» über die Katastrophe hinaus bewahren. Und nicht nur das: Als nach sieben Tagen die Wasser zurückgehen, muss der Hauptgott Enlil sich von den anderen Göttern auch noch Vorwürfe dafür machen lassen, dass er wahllos und unverhältnismäßig hart gegen die Menschheit vorgegangen sei: «Was brachtest ohn' Bedenken du die Flut? / Leg seine Schuld dem Sünder auf und auch / den Frevler lass vergelten sein Vergehen! / Greif massvoll zu, dass er nicht ganz verderbe, / doch hart genug, dass er's [zu leicht nicht nehme!]» Der Mensch erhält, wie so oft, eine weitere Chance.

Um 186 v. Chr. Seine eigentliche Entstehung und größte Blüte erlebte das Genre der Apokalyptik gegen Ende des ersten vorchristlichen Jahrtausends in der jüdischen Kultur: eine zeitgenössische Quelle berichtet von nicht weniger als siebzig verschiedenen Apokalypsen. Die wohl bekannteste unter diesen ist im Buch Daniel enthalten, das auch Eingang in das Alte Testament fand. Sie besteht aus zwei strukturell verwandten endzeitlichen Visionen.

In der ersten erscheint dem babylonischen König Nebukadnezar eine riesenhafte Statue, deren Körper nach unten hin aus immer wertloseren Materialien besteht: Der Kopf ist aus Gold, die Brust aus Silber, der Bauch aus Kupfer, und die Füße sind aus Eisen und Ton – sie werden von einem himmlischen Felsbrocken zerschmettert. In der zweiten Vision erblickt der Prophet die bereits (im Kapitel «Was faucht denn da?») beschriebene Parade apokalyptischer Fabelwesen. Das vierte, furchterregendste hat eiserne Zähne und zehn Hörner, von denen drei ausgerissen werden, um einem elften Horn

Platz zu machen, und dieses besitzt «Augen wie Menschenaugen und ein Maul; das redete große Dinge».

Als Daniel um eine Deutung seines Traums bittet, erfährt er, dass die vier Tiere, ähnlich wie die Elemente der Statue, vier kommende Königreiche symbolisieren. Das vierte wird von all diesen das schrecklichste sein, und das kleine Horn steht für einen besonders gottlosen König: Seine Herrschaft wird andauern, bis das letzte Gericht gehalten wird, «dann wird ihm seine Macht genommen und ganz und gar vernichtet werden». Wann diese Erlösung allerdings kommen wird, darüber macht das Buch Daniel, wie wir gesehen haben, äußerst widersprüchliche Angaben. Die «Verständigen werden's verstehen», wann mit dem Ende zu rechnen sei – mit dieser tröstlichen, aber leider auch zirkelförmigen Erklärung wird der Prophet am Schluss des Buchs entlassen und aufgefordert, bis zum Ende der Zeit zu ruhen. Nach allem, was man weiß, ruht er noch heute.

Um 96 Ungeachtet des Ausbleibens der von Daniel vorhergesagten Ereignisse übernahm das frühe Christentum aus den prophetischen Schriften des Judentums den apokalyptischen Modus, und mit ihm eine Vielzahl ominöser Motive, und kreierte das wohl wirkungsmächtigste Endzeitepos der Geschichte, jenen Text, der dem Genre seinen Namen gab: Die Apokalypse des Johannes.

Die eurozentrische, abendländisch-christliche Perspektive scheint hier ausnahmsweise gerechtfertigt. Zwar kennt auch die islamische Tradition eine Antichrist-Figur (den erwähnten *Daddschal*), eine dazugehörige Bestie (*al-Dabbah*), die bösen Mächte von Gog und Magog (*Ya'dschudsch wa-Ma'dschudsch*) sowie einen Tag des Jüngsten Gerichts, wenn «*einmal* in die Trompete geblasen wird und Erde und Berge [...] auf *einen* Schlag zermalmt» werden, wie es im Koran heißt: «An jenem Tage werdet ihr vorgeführt – nichts bleibt dabei von euch verborgen.» Aber keine andere Endzeiterzählung hat so viele Aneignungen in der religiösen und politischen Rhetorik, in der Kunst, in Literatur und Musik erfahren wie die neutestamentarische Offenbarung; und keine andere große Glaubensrichtung hat so viel Energie auf die Frage des Weltuntergangs verwendet wie das Christentum (nicht von ungefähr bedienen sich selbst islamische Fundamentalisten, wenn sie apokalyptische Kalkulationen betreiben, oft des christlichen Kalenders).

In vielen christlichen Kirchen ist der Giebel über dem Hauptportal oder die westliche Innenwand mit einer Darstellung des Jüngsten Gerichts versehen und erinnert die Gläubigen bei jedem Besuch an das Ende der Zeit. Und wer während des Gottesdiensts das apostolische Glaubensbekenntnis spricht, der bekennt sich nicht nur zu Christus, sondern auch zu der Erwartung an dessen endzeitliche Parusie: «Er sitzt zur Rechten Gottes [...]; / von dort wird er kommen, / zu richten die Lebenden und die Toten.» Kein Wunder, schließlich verkündete Jesus selbst, vermittelt durch den Mund seines Mediums Johannes, am Ende des ersten Jahrhunderts seine umgehende Wiederkehr: «Es spricht, der dies bezeugt: Ja, ich komme bald.» Das ist nun beinahe zweitausend Jahre her.

431 Als das Christentum im Mittelmeerraum die Oberhand gewann und schließlich sogar offizielle römische Staatsreligion wurde, büßte der Gedanke an ein katastrophales Ende der Geschichte und eine radikale Umwälzung der innerweltlichen Machtverhältnisse zunehmend an Attraktivität ein – zumindest für die Vertreter der Kirche: Wenn eine Glaubensrichtung sich etabliert hat und auf geschichtlichen Fortbestand ausgerichtet ist, ist es wenig opportun, den eigenen Untergang zu verkündigen. Unter Kirchenvätern wie Origines und Augustinus setzte sich daher eine allegorische Lesart der Apokalypse durch, die 431 auf dem Konzil von Ephesus zur Orthodoxie erklärt wurde. Das irdische Gottesreich war demzufolge bereits mit Beginn des Christentums angebrochen; der Konflikt zwischen Gut und Böse wurde also aus der Zukunft in die Gegenwart geholt und zugleich aus der kosmischen Sphäre in die individuelle verbannt, im Sinne des Lukas-Evangeliums: «Das Reich Gottes kommt nicht so, daß man's beobachten kann; man wird auch nicht sagen: Siehe, hier ist es! Oder: Da ist es! Denn siehe, das Reich Gottes ist mitten unter euch.»

500/6000 Dennoch rissen die endzeitlichen Spekulationen nicht ab. So sollen einer frühmittelalterlichen Quelle zufolge gegen Ende des fünften Jahrhunderts gleich mehrere «delirierende Propheten» aufgetaucht sein, die vom baldigen Kommen des Antichristen kündeten. Fatalerweise konnten sie sich dabei auf die apokalyptisch-chronologische Tradition der Weltwoche berufen, der zufolge der finale Kampf zwischen Gott und Satan sechstausend Jahre nach der Schöpfung beginnen soll – und da die Welt, Berechnungen des Kirchenvaters Hippolytus zufolge, genau fünfeinhalb Jahrtausende vor Christi Geburt erschaffen wurde, standen diese Ereignisse im Jahr 500 (also dem Jahr 6000 der Weltzeitrechnung) unmittelbar bevor. Die Kirche reagierte, indem sie die Schöpfung kurzerhand nachdatierte. Dieser neuen und verbesserten Chronologie zufolge fand die Schöpfung erst dreihundert Jahre später statt als bis dato angenommen – die sechstausend Jahre der Weltzeit endeten also erst im Jahr 800. Der Weltuntergang war noch einmal verschoben.

800/~~6000~~ Bekanntlich hat die Zeit die fatale Neigung, unaufhaltsam zu verrinnen – und so ging selbst die vergleichsweise lange Frist von dreihundert Jahren, welche die christlichen Historiker Orosius und Victorius von Aquitanien der Weltwoche hinzufügten, schließlich zu Ende. Als das Jahr 800 (also nach frühmittelalterlicher Chronologie das fatale Jahr 6000) näher rückte, mehrten sich wiederum die Ängste vor einem endzeitlichen Erstarken des Antichristen.

Die Kirche löste das Problem diesmal nicht durch eine neuerliche Umdatierung der Schöpfung, sondern auf grundsätzliche Weise: Der angelsächsische Mönch und Gelehrte Beda entwarf ein System der Zeiterfassung, das die Jahreszählung nicht mehr, wie bisher üblich, mit der Schöpfung der Welt beginnen ließ, sondern erst mit der Menschwerdung Gottes: Aus dem sogenannten Annus Mundi (AM), also dem Weltjahr, wurde das Annus Domini (AD), das Jahr des Herrn. Das einstige Jahr 5200 AM wurde somit zum Jahr 1 AD – zum Beginn einer neuen Zeitrechnung, die nicht mehr auf sechstausend Jahre begrenzt und daher stets auf ein Ende fixiert war, sondern die sich von einem glücklichen Anfangspunkt, der Geburt Christi, her definierte und nach oben hin prinzipiell offen war. Die Entstehung des christlichen Kalenders verdankte sich also nicht zuletzt dem Wunsch, endzeitlichen Spekulationen vorzubeugen: «Die Entwicklung der westlichen Chronometrie war unmittelbar mit dem Bestreben der kirchlichen Autoritäten verknüpft, die Zeit auf eine Art und Weise zu messen, die möglichst keine apokalyptischen Implikationen hatte», schreibt Stephen D. O'Leary. «Vor der Einführung des Annus Domini lebten die Christen ihrem Selbstverständnis nach nicht in einem neuen Zeitalter, sondern am Ende eines alten.»

M Dennoch konnte auch der Annus-Domini-Kalender apokalyptische Rechenübungen nicht verhindern. Dies zeigt sich besonders an den Spekulationen bezüglich dem Ende des ersten Jahrtausends AD – hat doch die Zahl 1000 aufgrund ihrer Assoziation mit dem endzeitlichen Gottesreich besondere apokalyptische Bedeutung: Wenn der heilige Augustinus recht hatte und mit dem Beginn des Christentums auch das biblische Millennium angebrochen war, dann konnte die Vollendung des ersten Jahrtausends nach Christi Geburt jenen Moment markieren, wenn der Satan wieder aus seinem Gefängnis losgelassen wird und die letzte Schlacht bevorsteht. «Die Stunden eilten dahin; bald würde die Glocke des Kapitols die Ankunft der Mitternacht verkünden, und die letzte Minute des Jahres eintausend sollte die schrecklichen Worte der Apokalypse in Erfüllung gehen sehen», beschreibt der spanische Philosoph José Ortega y Gasset die Stimmung unter der römischen Bevölkerung am Vorabend des Jahrtausendwechsels. «Die Angst des Volkes wurde zu wachsender Verzweiflung. Die Mönche zogen von Haus zu Haus und erinnerten an die Schreckensbilder der Heiligen Schrift, beschworen die dunklen Wahnvorstellungen der Millenarier, die tragische Offenbarung von Patmos, die Berechnungen über die Stadt Gottes herauf ...»

Nun: So wie Ortega y Gasset die *Schrecken des Jahres eintausend* (so der Titel seiner Dissertation) hier schildert, war es sicher nicht. Es gab um das Ende des ersten nachchristlichen Jahrtausends zwar durchaus endzeitliche Befürchtungen und Hoffnungen, die sich an der notorischen Zeitangabe aus der Apokalypse orientierten: Der Benediktinermönch Abbo von Fleury etwa schrieb, dass er um das Jahr 970 in Paris eine Predigt gehört habe, der zufolge «sofort nach Ende der 1000 Jahre der Antichrist erscheinen und nicht lange danach das Jüngste Gericht stattfinden werde». Und sein Ordensbruder Rodulfus Glaber berichtete erschüttert von Ketzereien, Kreuzschändungen, Kannibalismus sowie der Unsitte, dass junge Ritter plötzlich merkwürdige Frisuren, kurze Hosen und keine Bärte trugen, und führte diese schrecklichen Omen auf das Verstreichen der tausend Jahre zurück.

Aber: Apokalyptische Ängste, die sich auf ein präzises Datum (999 AD), einen bestimmten Tag (den 31. Dezember), eine bestimmte Stunde (Mitternacht) oder gar eine Sekunde (der letzte Schlag der Kapitolsuhr!) konzentrierten, waren aufgrund des mittelalterlichen Zeitverständnisses undenkbar. Zum einen wurde der Jahresbeginn im Mittelalter noch nicht an Silvester gefeiert, sondern entweder am Weihnachtstag oder am Ostersonntag, also an einem wechselnden Tag im März oder April. Zweitens herrschte unter den Theologen der Zeit Uneinigkeit darüber, ob die mit der satanischen Interimsherrschaft verbundenen Schrecken tausend Jahre nach Christi Geburt oder nicht doch eher tausend Jahre nach seiner Auferstehung, also im Jahr 1033 zu erwarten seien. Und drittens nimmt sich die ominöse Jahreszahl 1000 weitaus weniger bedrohlich aus, wenn sie nicht (wie hier) in arabischen Ziffern steht, sondern (wie im Mittelalter üblich) in lateinischen Buchstaben geschrieben wird: Der Wechsel von 999 zur 1000, also von der dreifachen Neun zur dreifaltigen Null, von der größtmöglichen Fülle zur Trinität der Leere, ist für zahlenmystische Spekulationen produktiver als der Wechsel von CMXCIX zur schlichten Letter M.

Zudem war im Mittelalter noch kein Bewusstsein dafür vorhanden, ‹in› einem bestimmten Jahrhundert oder Jahrtausend zu leben, weshalb es auch keine ausgeprägten Schwellenängste vor dem Übergang in ein neues Säkulum beziehungsweise Millennium geben konnte. Erst vierhundert Jahre nach dem Jahr 1000 wurde ein Jahrhundert erstmals mit einer Ordinalzahl, also als ‹das vierzehnte Jahrhundert› bezeichnet; und erst in der Reformationszeit setzte sich die Gepflogenheit durch, die Geschichte in Jahrhunderte zu unterteilen, sie als lineare Abfolge von Hunderterschritten zu begreifen. Die erste protestantische Jahrhundert-Predigt wurde 1600 gehalten, die ersten Glückwunschkarten zum Jahrhundertbeginn (*Happy New Century!*) wurden 1700 verschickt, die ersten staatlichen Jahrhundertfeierlichkeiten fanden 1801 statt. Zu dieser Zeit nahm auch die bis heute anhaltende Diskussion ihren Anfang, ob ein neues Jahrhundert mit dem Jahr ’00 oder mit dem Jahr ’01 anbricht (Letzteres ist mathematisch korrekt, da der christliche Kalender mit dem Jahr 1 beginnt; aber der Wechsel von der Neunundneunzig zur Doppelnull ist natürlich markanter).

Vermutlich handelt es sich bei den ‹Schrecken des Jahres eintausend› um eine rückwärtsgewandte Dystopie – um ein historisch verbrämtes Schauermärchen, das romantische Geschichtswissenschaftler entwarfen, um sich von dem vermeintlichen Aberglauben des Mittelalters abzugrenzen und der relativen Aufgeklärtheit ihrer eigenen Epoche zu versichern. Doch waren auch sie, wie wir weiter unten sehen werden, nicht gegen apokalyptische Vorstellungen immun.

1096 Zumal sich die Rede vom Weltende trefflich zur Agitation der Massen instrumentalisieren lässt. «Apokalyptizismus [...] kann den unterschiedlichsten Zwecken dienen», schreibt der Historiker Bernard McGinn. «Die Botschaft der apokalyptischen Propheten verhieß Trost und Belohnung im Jenseits, aber sie hatte auch andere Seiten [...]: etwa historische Illumination und Anfeuerung zum Kampf.» So heizte die Vorstellung eines kommenden Gottesreichs sowohl die eschatologischen Hoffnungen der Kreuzritter als auch die endzeitlichen Rachephantasien jener pauperisierten Massen an, die sich während des ersten Kreuzzugs nach Jerusalem aufmachten, um die Heilige Stadt aus den Händen der ‹Ungläubigen› (also der arabischen Muslime, die seit Anfang des siebten Jahrhunderts über Palästina herrschten) zu befreien.

Da der Begriff ‹Neues Jerusalem› in allen nachbabylonischen Apokalypsen den Mittelpunkt des kommenden messianischen Reichs bezeichnet, stellte die Stadt im Nahen Osten für viele mittelalterliche Gläubige nicht bloß einen geographischen Ort, sondern den Inbegriff des Gelobten Lands schlechthin dar – seiner Eroberung fiel endzeitliche Bedeutung zu. Und da der Anbruch des Gottesreichs in der Vorstellung vieler mittelalterlicher Christen die Bekehrung oder Beseitigung aller Andersgläubigen voraussetzte, gingen mit dem ersten Kreuzzug auch die ersten großen europäischen Judenpogrome sowie Massaker an den in Jerusalem beheimateten Muslimen einher: Allein im Mai und Juni 1096 wurden von den christlichen Kreuzfahrern auf ihrem Weg nach Osten zwischen vier- und achttausend Juden ermordet; nach der Eroberung Jerusalems wurde fast die gesamte muslimische und jüdische Bevölkerung der Heiligen Stadt abgeschlachtet. «O neuer Tag», sollen die Kreuzfahrer dem Bericht eines zeitgenössischen Chronisten zufolge in glückseliger apokalyptischer Naherwartung gesungen haben, «neuer Tag des Frohlockens, neue und endlose Freude.»

1492 Nicht nur das Neue Jerusalem, sondern nachgerade eine Neue Welt meinte der spanische Seefahrer Christopher Kolumbus etwa vierhundert Jahre später und zehntausend Kilometer weiter westlich zu erobern. Dass im Begriff der *mondo novo* eine apokalyptische Note mitschwingt, ist dabei kein Zufall: Offenbar war Kolumbus bei seinen Expeditionen über den Atlantik nicht nur von Abenteuerlust und ökonomischen

Interessen getrieben, sondern verfolgte auch einen endzeitlichen Heilsplan. So führte er nicht nur, wie es sich für einen Kapitän gehört, ein Bordbuch, sondern verfasste daneben auch ein *Buch der Prophezeiungen*, in dem er seine Fahrten in einen apokalyptischen Kontext stellte und sich selbst als messianischen Helden beschrieb.

Im Jahr 1650, so war Kolumbus überzeugt, werde die Welt untergehen. Um den Weg für die dann zu erwartende Wiederkehr des Messias zu bereiten, wollte er die amerikanischen Ureinwohner zum Christentum bekehren und bei dieser Gelegenheit genügend Edelmetall nach Europa bringen, um einen weiteren Kreuzzug nach Jerusalem zu finanzieren (die Stadt im Nahen Osten stand inzwischen seit zweihundertfünfzig Jahren wieder unter muslimischer Herrschaft). Zugleich glaubte Kolumbus, dass er auf der anderen Seite des Ozeans das verlorene Paradies entdeckt, ja eine Vorschau auf das kommende Gottesreich erhalten habe: «Gott machte mich zum Kundschafter des Neuen Himmels und der Neuen Erde, von denen die Apokalypse des Johannes berichtet», schrieb er im Jahr 1500, «und er wies mir den Weg dorthin.»

Seitdem ist der Glaube an den besonderen eschatologischen Status der Neuen Welt aus dem nordamerikanischen Selbstverständnis nicht mehr wegzudenken. So mutmaßte der amerikanische Theologe Samuel Sewall Ende des siebzehnten Jahrhunderts, dass es sich bei den amerikanischen Ureinwohnern um die verlorenen Stämme Israels handeln müsse, und erklärte Nordamerika zum Bauplatz für das Neue Jerusalem. Aktuellen Umfragen zufolge glauben sechzig Prozent der US-Amerikaner, dass die Aussagen der Bibel zum Jüngsten Gericht wörtlich zu verstehen sind. Jeder zweite glaubt an die bevorstehende Schlacht von Armageddon und die Existenz des Antichristen.

1528/ **1533/1534** Vor allem aber trug die Reformation zu einer Vervielfältigung und einem Anschwellen der apokalyptischen Bocksgesänge bei. Indem Martin Luther – der bekanntlich selbst gern das Ende der Welt prophezeite, vor diesem aber zumindest noch ein Apfelbäumchen pflanzen wollte – die Bibel ins Deutsche übersetzte, entriss er sie der Deutungshoheit der katholischen Kirche. Forthin konnte sich jeder des Lesens mächtige Laie seinen eigenen Reim auf die Prophezeiungen des Jeremia, des Daniel oder Johannes von Patmos machen. Noch heute kommen apokalyptische Propheten vorzugsweise aus dem Schoß protestantischer Freikirchen.

Ihren ersten Höhepunkt erreichte die frühmoderne Weltuntergangsseligkeit Anfang des sechzehnten Jahrhunderts im Zuge der Wiedertäuferbewegung, die vor allem in der Schweiz, im heutigen Deutschland und in Holland zahlreiche Anhänger hatte. So sagten verschiedene radikalreformatorische Prediger den Weltuntergang wahlweise für das Jahr 1528, 1533 oder für Ostern 1534 voraus. Zu diesem Zeitpunkt hatte ein Wiedertäufer namens Jan Matthijs die westfälische Stadt Münster unter seine Herrschaft gebracht, all jenen, die sich der (Wieder-)Taufe verweigerten, den Tod angedroht, und in Erwartung des Weltendes die als Götzen empfundenen Statuen und Bilder aus den Kirchengebäuden der Stadt entfernen lassen.

Als der prophezeite Weltuntergang ausblieb und die Stadt zudem von den Truppen des Bischofs belagert wurde, rückte Matthijs mit einer zahlenmäßig weit unterlegenen Schar von Unterstützern aus, um durch einen Sieg über die bischöflichen Soldaten seine endzeitliche Erwähltheit unter Beweis zu stellen. Der Ausfall misslang, Matthijs wurde getötet, und auch sein Nachfolger Jan van Leiden konnte sich nur ein knappes Jahr als Oberhaupt des neugegründeten Königreichs Zion (wie Münster nun genannt wurde) halten. Die eisernen Körbe, in denen die Leichen der Wiedertäufer nach der Wiedereroberung der Stadt zur Abschreckung ausgestellt wurden, hängen noch heute am Turm der Lambertikirche am Münsteraner Prinzipalmarkt. Inzwischen ist die Stadt wieder mehrheitlich katholisch.

1806 Angesichts der immer größeren Anzahl endzeitlicher Propheten sowie der Zunahme von Ereignissen, die als apokalyptische Omen gedeutet werden konnten (Französische Revolution, Amerikanischer Unabhängigkeitskrieg, allmählicher Tod Gottes im Zuge der Aufklärung), wurde die Vorhersage des Weltuntergangs allmählich zum Klischee – um noch Aufsehen erregen zu können, musste sie schon auf ausgefallenem Weg in die Welt gebracht werden. Dies gelang einem Haushuhn aus Nordengland, der sogenannten prophetischen Henne von Leeds, auf eindrückliche Weise: Das Tier legte wiederholt Eier, die deutlich lesbar die Inschrift *Christ is Coming* trugen. Wie sich herausstellte, handelte es sich dabei allerdings um Betrug: Offenbar waren die Eier von der Besitzerin der Henne beschriftet und dann gewaltsam in den Vogel zurückgestopft worden.

1815 Ungefähr zur selben Zeit sorgte der Fall einer Hausangestellten namens Joanna Southcott, der ‹Prophetin von Exeter›, für Aufsehen. Wie viele ihrer Zeitgenossen interpretierte Southcott die Revolution in Frankreich als Anzeichen für den Beginn der endzeitlichen Wehen und identifizierte das Tier aus der Johannes-Apokalypse mit Napoleon. Darüber hinaus behauptete die Prophetin, dass sie von Gott persönlich schwanger sei und ihm einen Sohn namens Shiloh (vermutlich eine gematrische Umschreibung für den Messias) gebären werde: «Und es erschien ein großes Zeichen am Himmel: eine Frau, mit der Sonne bekleidet, und der Mond unter ihren Füßen», heißt es im zwölften Kapitel der Johannes-Apokalypse. «Und sie war schwanger und schrie in Kindsnöten und hatte große Qual bei der Geburt.»

Die Selbststilisierung Southcotts als ‹Maria der Endzeit› mag größenwahnsinnig anmuten, weist aber auf ein zentrales Problem des apokalyptischen Diskurses hin: Der Weltuntergang geht als wahrhaft universales Phänomen zwar alle Menschen gleichermaßen, ungeachtet ihres Geschlechts, an – die tragenden Rollen sind aber samt und sonders Männern vorbehalten. Frauen kommen in der Apokalypse vor allem als hässliches Beiwerk vor: als Hure Babylon, «die Mutter der Hurerei und aller Greuel auf Erden», die sich am Blut der Heiligen betrinkt. Als verschlagene und falsche Prophetin Isebel, welche die Gläubigen dazu verführt, Götzenopfer zu essen. Oder eben, die womöglich einzige positiv konnotierte Alternative: als Gottesgebärerin. Als Joanna Southcott 1815 starb, ohne einen Sohn zur Welt gebracht zu haben, und als auch bei der Autopsie keine Anzeichen einer Schwangerschaft festgestellt werden konnten, löste sich der Kreis ihrer Anhänger rasch auf.

1900 Im Schatten des herannahenden zwanzigsten Jahrhunderts erschütterten zwei endzeitlich inspirierte Bewegungen die Welt. Im Nordwesten Indiens erhoben sich über zehntausend Paschtunen unter Führung eines charismatischen Predigers namens Saidullah gegen die britische Kolonialmacht. Saidullah hatte vorausgesagt, dass die Herrschaft der Besatzungstruppen sich ihrem Ende nähere: Die Gewehrläufe der Soldaten würden sich verschließen und ihre Kugeln in Wasser verwandeln; ein Wunderglaube, den etwa zweitausend Aufständische mit dem Leben bezahlten. In Brasilien sagte unterdessen ein Prediger namens Antônio Conselheiro für 1900 das Ende der Welt voraus und gründete im Hinterland von Bahia eine nach kommunistischen Idealen organisierte Gemeinschaft. Drei Jahre vor dem prophezeiten Untergang wurde die Kommune von Regierungstruppen nach langer, blutiger Auseinandersetzung vernichtet.

Auch in Europa florierten derweil apokalyptische Ideen – nicht zuletzt in Form des Kommunismus, der sich mit seiner radikal-dualistischen Struktur (Kapitalisten- vs. Arbeiterklasse) sowie seiner Vision einer egalitären, besitz- und klassenlosen Gesellschaft durchaus als säkularisierte Neuauflage des alten Millenniumsgedankens verstehen lässt. Die Jahrhundertwende als solche spielte bei diesen Entwürfen, bei allem Gerede vom *Fin de Siècle*, allerdings eine eher untergeordnete Rolle. «Es wird gar nichts verändert sein mit dem neuen Jahrhundert», schrieb der Journalist Fritz von Ostini 1898, «als vielleicht das, daß die vorgedruckten Quittungs-, Wechsel- und Akten-Formulare […] entwerthet sind, daß etliche Contrakte ablaufen und daß ein entsetzliches Quantum von Jahrhundert-Wende-Gedichten und blödsinnigen Postkarten verbrochen werden wird.»

1914–1918 In den folgenden Jahren fanden dann aber doch dramatische, um nicht zu sagen apokalyptische Veränderungen statt, und die nervös-gespannte bis erschöpfte *Fin-de-Siècle*-Stimmung wich zunehmend einem *Fin-du-Monde*-Gefühl. So begeisterte sich 1911 eine anonyme Schrift mit dem Titel «Weltenbrand» für ein baldiges militärisches Inferno: «Allüberall werden die Flammen emporschlagen, werden zerstören, was morsch ist und unnatürlich, werden uns viel Blut, viel Tränen kosten, aber auf den Trümmern dieses Weltenbrands wird erstehen, wie der Phönix aus der Asche, das neue große Deutsche Reich.» Als am 28. Juni 1914 der österreichische Thronfolger ermordet wurde und die Welt in der Folge wunschgemäß in Flammen aufging, verkündete die Zeitschrift einer amerikanischen Pfingstgemeinde freudig: «Krieg! Krieg!! Krieg!!! Die Länder Europas Bekämpfen einander und Bereiten dadurch Unbewusst das Feld für die Wiederkehr unseres Herrn Jesus.» Nach allem, was man weiß, kehrte dieser allerdings nicht wieder; dafür reisten ihm in den folgenden vier Jahren etwa siebzehn Millionen Seelen entgegen.

1939–1945 Die bislang verheerendste und der Vorstellung eines endzeitlichen Armageddon am nächsten kommende Auseinandersetzung der Weltgeschichte fand aber zwei Jahrzehnte später statt. Während des Zweiten Weltkriegs kamen je nach Schätzung zwischen fünfzig und siebzig Millionen Menschen ums Leben, allein sechs Millionen aufgrund der nationalsozialistischen Vernichtungspolitik gegen die europäischen Juden. Das schiere Ausmaß der Greueltaten und der Zerstörung mutet bereits apokalyptisch an; es entsprang zudem einem Weltbild, das deutlich endzeitliche Züge aufwcist.

Bereits in der 1925 erschienenen Propagandaschrift *Der Bolschewismus von Moses bis Lenin: Ein Zwiegespräch zwischen Adolf Hitler und mir* von Hitlers geistigem Mentor Dietrich Eckart wurde ‹der Jude› als klassische Antichrist-Figur inszeniert, die nach der Weltherrschaft und der Zerstörung der Menschheit strebt; das Alte Testament bezeichneten Hitler und Eckart entsprechend als «Bibel Satans». Ja, im Prinzip folgte die gesamte ‹völkische› Erlösungsideologie der Nazis dem Schema eines manichäischen Konflikts zwischen zwei unversöhnlichen Mächten, wie es für apokalyptische Glaubenssysteme kennzeichnend ist. Die Sprache des Dritten Reichs bediente sich unentwegt endzeitlicher Begrifflichkeiten: Der Ausdruck ‹Drittes Reich› etwa geht auf den mittelalterlichen Geschichtstheologen Joachim von Fiore zurück, bei ihm bezeichnet er das letzte Menschheitszeitalter, eine Epoche irdischer Glückseligkeit. Der Deckname für den deutschen Überfall auf die Sowjetunion, ‹Unternehmen Barbarossa›, war eine Anspielung auf den römisch-deutschen Kaiser Friedrich I., der romantischem Volksglaube zufolge am Ende der Zeiten wiederkehren sollte, um ‹sein Volk› zu erlösen. Und auch Begriffe wie ‹Endreich›, ‹Endlösung› und ‹Endkampf› wiesen auf die einzigartige geschichtliche Stellung hin, in der die Nationalsozialisten sich sehen wollten: als entscheidende Kämpfer in einer finalen Schlacht.

Spätestens als sich abzeichnete, dass diese Schlacht keineswegs in einen ‹Endsieg› für die Deutschen münden würde, wurde klar, dass Adolf Hitler offenbar tatsächlich in der Wahnvorstellung befangen war, er müsse die Weltgeschichte im Rahmen seiner eigenen Lebenszeit ‹vollenden› – sei es durch Herrschaft über die Welt oder durch deren Zerstörung. So äußerte er nach dem Scheitern der Ardennenoffensive im Januar 1945 gegenüber seinem Adjutanten Nicolaus von Below: «Wir können untergehen. Aber wir werden

eine Welt mitnehmen.» Und Ende Februar gab er in den Bormann-Diktaten selbstmitleidig zu Protokoll, er stehe «unter dem Schicksalsgebot, alles innerhalb eines einzigen kurzen Menschenlebens zu vollenden. [...] Wofür die anderen eine Ewigkeit haben, dafür bleiben mir nur ein paar armselige Jahre.»

Das war, bei aller Larmoyanz, noch optimistisch gerechnet: Zwei Monate später war er tot. «Im Grenzfall der Paranoia», schreibt Hans Blumenberg, «wird das eine und einzige Leben, das einer hat, zur Bedingung für die Verwirklichung geschichtlicher und politischer Sinngebung, so daß er die Verfehlung seines Lebenszieles zu der des Weltsinnes machen kann: Wenn er zugrunde zu gehen verurteilt ist [...], sei alles dazu verurteilt, am Ende zu sein.»

60er, 70er, 80er Unter dem Eindruck der sozialen und kulturellen Umwälzungen der 1960er Jahre, der zunehmenden Industrialisierung und Umweltverschmutzung sowie nicht zuletzt des Kalten Kriegs kam es gegen Ende des Jahrtausends zu einer regelrechten «Endlosserie von Enden», wie Hartmut Böhme es ausdrückt. «Zweifellos droht uns durch den Verfall genetisch verankerten sozialen Verhaltens die Apokalypse», unkte der Verhaltensforscher Konrad Lorenz Anfang der Siebzigerjahre angesichts des von ihm konstatierten sexualmoralischen Niedergangs. «Das Waldsterben ist der untrüglich einsetzende Versuch der Gaia [...], sich durch eine gewaltige Operation einer misslungenen Spezies zu entledigen», geißelte der Umweltaktivist Carl Amery zehn Jahre später den Raubbau an der Natur (mit der «misslungenen Spezies» meinte er natürlich nicht die sterbenden Bäume, sondern den Menschen). Und US-Präsident Ronald Reagan, immerhin Oberbefehlshaber über die amerikanischen Streitkräfte und damit Gebieter über deren Atomwaffenarsenal, erging sich in immer neuen endzeitlichen Spekulationen.

Bereits Anfang der 1970er Jahre, damals noch als Gouverneur von Kalifornien, hatte Reagan die Sowjetunion mit den bösen Mächten von Gog und Magog identifiziert und gemutmaßt, dass sie laut göttlichem Ratschluss zerstört werden müsse: «Hesekiel sagt, dass Feuer und Schwefel über den Feinden Gottes niederregnen sollen. [...] Das heißt bestimmt, dass sie durch Nuklearwaffen vernichtet werden.» Und 1983, zwei Jahre nach seinem Amtsantritt als Präsident und auf dem Höhepunkt des nuklearen Wettrüstens, gestand er einem Besucher aus Israel: «Wissen Sie, ich muss immer wieder an

Ihre Propheten aus dem Alten Testament denken und an die Zeichen, die auf die Schlacht von Armageddon hinweisen; und ich frage mich, ob unsere Generation die Verwirklichung dieser Ereignisse erleben wird.»

1997 Ähnliche Fragen stellten sich die Anhänger der sogenannten Heaven's Gate-Sekte aus San Diego in Kalifornien. Ihr spirituelles Oberhaupt Marshall Herff Applewhite hatte bereits Mitte der 1970er Jahre verkündet, dass der Untergang der Erde bevorstehe, dass er und seine Jünger diesem aber an Bord eines UFOs entkommen könnten. Als im Frühjahr 1997 der Komet Hale-Bopp das innere Sonnensystem durchquerte, sah er den Augenblick der Rettung gekommen. Im Schweif des Kometen, so Applewhite, halte sich ein Raumschiff versteckt, das die Heaven's-Gate-Anhänger an Bord nehmen und auf eine höhere, ja gottgleiche Stufe ihrer Existenz bringen werde; allerdings müssten sie dazu ihre körperlichen *container* verlassen. Am 22. März erreichte der Komet seinen erdnächsten Punkt. In den darauffolgenden Tagen verfassten Applewhite und achtunddreißig seiner Anhänger letzte Videobotschaften an ihre Familien, schluckten eine Mischung aus Apfelmus, Wodka und Phenobarbital und zogen sich Plastiktüten über den Kopf.

Neben der Intensität ihres Endzeitglaubens und der Radikalität ihres Handelns zeichnete sich Heaven's Gate vor allem durch zwei Aspekte aus. Zum einen war die Gruppe nicht nur von den ‹klassischen› Apokalypsen des Alten und Neuen Testaments, sondern auch von Werken der Popkultur beeinflusst: Um sich für ihre Fahrt durch das Himmelstor zu rüsten, studierten Applewhites Anhänger Science-Fiction-Filme wie *Krieg der Sterne*; für ihre letzte Reise kostümierten sie sich, in Anlehnung an die Begrifflichkeit der *Star-Trek*-Reihe, als Away Team. Zum anderen war Heaven's Gate die erste endzeitliche Bewegung, die intensiv das Internet nutzte. Mitglieder betrieben ein Unternehmen für Webdesign namens Higher Source, versuchten über das Netz neue Mitglieder zu rekrutieren und verkündeten dort ihre Lehre vom Weltuntergang und der kommenden Seinsstufe. Eine der letzten irdischen Tätigkeiten der Gruppe bestand darin, ein Update ihrer Webseite heavensgate.com durchzuführen. Dort, in den Tiefen des virtuellen Raums, auf ewig im flashanimierten Webdesign der Neunzigerjahre gefangen, existiert die Gruppierung noch immer.

1. Januar 2000 Der Science-Fiction-Glaube der Heaven's-Gate-Mitglieder stieß bei seinem Bekanntwerden weitgehend auf Unverständnis – doch keine drei Jahre später gab sich ein erklecklicher Teil der westlichen Welt in kollektiver Angstlust einem ganz ähnlichen, ebenfalls mit dem Aufkommen der Neuen Medien verknüpften Endzeitglauben hin. Am 1. Januar 2000 um 00:00:00 Uhr, so eine weitverbreitete Furcht, werde es zu einem globalen Computerkollaps und in der Folge zu wirtschaftlichen, sozialen und möglicherweise politischen Verwerfungen ungeahnten Ausmaßes kommen. Kernreaktoren könnten explodieren, Flugzeuge vom Himmel fallen, die Energie- und Wasserversorgung könnte zusammenbrechen und der internationale Finanzverkehr zum Erliegen kommen. Das deutsche Fachorgan für Endzeitängste, die *BILD*-Zeitung, empfahl ihren Lesern daher am 28. Dezember 1999, vorsichtshalber den Kontostand auszudrucken, die Badewanne mit Wasser zu befüllen und keinesfalls um Mitternacht einen Fahrstuhl zu benutzen. Selbst Menschen, die religiösen Gefühlen sonst eher skeptisch gegenüberstehen, waren, wie der Historiker Richard Landes schreibt, von dem markanten Datum «semiotisch erregt»: Ein Finanzexperte der Deutschen Bank etwa prognostizierte kühl einen millenniumsbedingten Rückgang des Wirtschaftswachstums um siebzig Prozent.

Im Prinzip handelte es sich bei diesem – meist mit dem schmissigen Kürzel Y2K (für *year 2 kilo*) abgekürzten – Phänomen um eine Wiederauflage des alten Misstrauens gegenüber Jahrhundert- und Jahrtausendschwellen. Der Computer nahm dabei die Position ein, die in früheren Zeiten der Antichrist innegehabt hatte – die Rolle des international agierenden, verschlagenen Verführers, der unerkannt inmitten der Menschen lebt, von ihnen in götzenhafter Weise angebetet wird und sich immer mehr Einfluss verschafft, nur um im richtigen Augenblick zuzuschlagen und die Menschheit ins Verderben zu führen. Allerdings waren diese Befürchtungen, wie es sich für eine aufgeklärte Gesellschaft am Ende des zweiten Jahrtausends gehört, gewissenhaft rationalisiert und mit wissenschaftlichen Argumenten untermauert: Da Programmierer in den Frühzeiten der elektronischen Datenverarbeitung bei der Jahreszählung oft auf die ersten zwei Dezimalen verzichtet hatten, wurde das Jahr 1999 in manchen Programmen schlicht als 99 angezeigt. Mit dem Jahr 2000, so die Argumentation, könnte aus elektronischer Perspektive also wieder das Jahr 1900 anbrechen – oder eben das finale Chaos.

Wie sich in den Morgenstunden des 1. Januar 2000 abzeichnete, waren die weitaus meisten Ängste allerdings vollkommen unbegründet. Im US-Staat Delaware brach der Wettautomat einer Pferderennbahn zusammen, in Japan blieben ein paar Aufzüge stecken, und in Slowenien musste ein Beamter zurücktreten, weil er durch seine neurotischen Y2K-Vorkehrungen unnötig die heimische Wirtschaft verunsichert hatte. Die globale Katastrophe zum Millenniumswechsel war ein grandioses Nicht-Ereignis – und die endzeitliche Bedeutung der Jahrhundertschwelle in Auflösung begriffen. Das zwanzigste Jahrhundert hatte nach Ansicht vieler Historiker bereits zehn Jahre zuvor, mit dem Zusammenbruch des Ostblocks, geendet; das einundzwanzigste sollte erst knapp zwei Jahre später beginnen.

9/11/2001 Als am 11. September 2001 zwei von islamistischen Terroristen entführte Flugzeuge in die Türme des World Trade Centers rasten (während ein drittes auf das Pentagon stürzte und ein weiteres auf einem Feld in Pennsylvania niederging), kamen nicht nur etwa dreitausend Menschen zu Tode – es kollidierten auch zwei unterschiedliche Weltendvorstellungen. Auf der einen Seite stand die pessimistisch-apokalyptische Vision der Terroristen, die, in den Worten des Theologen Jürgen Moltmann, «eschatologisch vom Pathos des Endes beherrscht» und auf Zerstörung der bestehenden Weltordnung ausgerichtet war. Auf der anderen stand die geschichtsoptimistische Idee einer triumphalen Welt*vollendung* (unter Federführung der USA), die auf ihre fortschrittsgläubige Weise ebenfalls auf einen Abschluss der Weltzeit hin ausgerichtet war und die in Francis Fukuyamas einflussreicher Formel vom «Ende der Geschichte» vermutlich ihren prägnantesten Ausdruck gefunden hat: «Sehen wir genauer hin, so finden wir hier ein anderes religiöses Muster», schreibt Moltmann, «nicht das apokalyptische vom ‹Ende der Welt›, sondern das millenaristische von der ‹Vollendung der Weltgeschichte› durch Globalisierung wirtschaftlicher und militärischer Macht. Auch dieses Denkmuster ist vom Pathos des Endes beherrscht und lässt keine Alternativen zu.»

13 Baktun 0 Katun 0 Tun 0 Uinal 0 Kin 4 Ahau 3 Kankin Dieses für mit dem westlichen TT.MM.JJJJ-Format aufgewachsene Menschen gewöhnungsbedürftige Datum stammt aus dem kalendarischen System der mesoamerikanischen Maya: Es bezeichnet das Ende des dreizehnten und letzten *baktun* innerhalb der sogenannten Langen Zählung, einer Periode von etwa 5125 Jahren. Nach christlicher Zeitrechnung entspricht das Datum dem 21. Dezember 2012, und mit seinem Näherrücken wurde es zu einem heißen Kandidaten für den Tag des Jüngsten Gerichts. Immerhin ein Zehntel der Weltbevölkerung, so eine Umfrage des Meinungsforschungsinstituts IPSOS aus dem Sommer 2012, befürchtete angeblich, dass am Tag der Wintersonnwende die Welt, wie wir sie kennen, enden werde.

Seine Bekanntheit verdankte das Verfallsdatum vor allem der Kultur- und Werbeindustrie. Der Regisseur Roland Emmerich hatte bereits drei Jahre vor dem fraglichen Tag einen endzeitlichen Blockbuster namens *2012* auf den Markt geworfen. Im Lauf des Jahres selbst war die vermeintliche Prophezeiung schließlich omnipräsent. Eine nur für die Dauer des Kalenderjahrs gegründete Zeitschrift namens *2012* warb mit dem Untertitel «Das vielleicht letzte Magazin der Welt» und machte allfälligen Abonnenten den koketten Vorschlag: «Jetzt bestellen und erst am 22.12.2012 bezahlen – vielleicht.» Und ein internationaler Kosmetikproduzent brachte unter dem Slogan «2012 Final Edition» eine Deo-Kollektion heraus, die Männern die Letzten Tage versüßen sollte: In einem Werbefilm sah man Heerscharen williger Frauen instinktmäßig zu einer Arche strömen, die ein frisch desodorierter Mann für sich und seinen Harem gezimmert hatte.

Wenn man dieser Orgie an Pop-Prophezeiungen irgendwie entgehen wollte, musste man sich vermutlich in den Regenwald von Mittelamerika zurückziehen: In der Mythologie der Maya kam dem fraglichen Datum nämlich überraschenderweise so gut wie keine apokalyptische Bedeutung zu. Zum einen stellte der Abschluss des dreizehnten *baktun* zwar das Ende einer Langen Zählung, aber keineswegs, wie oft behauptet, das Ende des Maya-Kalenders dar. Auf den dreizehnten *baktun* folgt ein vierzehnter, zwanzig *baktunob* ergeben ein *piktun*, zwanzig *piktunob* ein *kalabtun*, zwanzig *kalabtunob* ein *kinchiltun*, und so weiter – der Kalender der Maya ist, wie der christliche Annus-Domini-Kalender, potentiell auf unendliche Fortschreibung ausgelegt. Zum Zweiten gibt es etliche Maya-Inschriften, die Ereignisse für die Zeit nach

13 Baktun 0 Katun 0 Tun 0 Uinal 0 Kin 4 Ahau 3 Kankin vorhersagen. Und zum Dritten gibt es unter den Tausenden von erhaltenen Maya-Inschriften exakt eine, die das fragliche Datum überhaupt erwähnt: Sie befindet sich auf einer Stele in der costa-ricanischen Ausgrabungsstätte Tortuguero und besagt, dass ein eher unbedeutender Maya-Nebengott namens Bolon Yok'te Ku an diesem Tag vom Himmel herabsteigen und [unleserlich] tun wird. Das ist alles.

Die endzeitliche Bedeutung des 21. Dezembers 2012, wie wir sie kennen, ist eine Erfindung des esoterischen Autors José Argüelles, der in seinem Buch *Der Maya-Faktor* für dieses Datum eine «Synchronisation mit dem Weltall», einen «kathartischen Augenblick» sowie den «Eintritt in die unvorstellbare Dimension eines neuen Zyklus» vorhergesagt hatte. Es handelte sich bei der vielbeschworenen Maya-Prophezeiung also, mit Theodor W. Adorno gesprochen, um einen «Aberglaube aus zweiter Hand»: einen «medial vermittelte[n] Aberglaube, der immer wieder neue Fabulate braucht, um der durchrationalisierten Moderne das Dekorum eines irritierenden Kitzels zu schaffen». Nach all den fehlgeschlagenen Prophezeiungen und tatsächlichen Katastrophen der letzten dreitausend Jahre können und wollen wir offenbar nicht vom Kitzel des Weltuntergangs lassen.

Desasterkataster

Ansteigen der Meeresspiegel **A**ntimaterie **A**tomkrieg **A**ufblähen der Sonne **A**uflösung der Kausalitäten **A**ußerirdische **B**ienensterben **C**omputerkollaps **D**evolution **D**ürren **E**bola **E**iszeit **E**rdkrustenverschiebung mit extremer Plattentektonik **E**rkalten des Erdkerns **F**ehlgeschlagenes Experiment im Teilchenbeschleuniger **F**inanzkrise **G**ammablitze **G**lobale Erwärmung **H**5N1 **H**autkrebs **H**IV **H**urrikane **K**limakriege **M**ultiresistente Tuberkulose **N**uklearkatastrophe **P**est & Cholera **P**hantomkraft **R**ebellierende Roboter **R**essourcenkriege **S**ARS **S**aurer Regen **S**chwarze Löcher **S**chweinegrippe **S**panische Grippe **S**taatsschuldenkrise **S**upermeteoriten **S**upernovas **S**upervulkane **T**erroranschläge **T**ornados **T**sunamis **T**yphus **Ü**berbevölkerung **Ü**berschwemmungen **U**mgekehrter Urknall **U**mkehrung der magnetischen Erdpole **U**mkehrung der Zeitachse **U**nkontrollierte Verbreitung genetisch modifizierten Getreides **V**ersiegen der fossilen Brennstoffe **V**ersiegen des Golfstroms **W**aldbrände **W**aldsterben **W**egdriften des Mondes **W**eltwirtschaftskrise **Z**erbrechen der Dimensionen **Z**erreißen des Universums **Z**erstörung der Ozonschicht **Z**usammenbrechen der Nahrungskette

Warum?

Selbst- oder fremdverschuldete Verheerungen, welche die Menschheit dezimieren oder zumindest die Lebensbedingungen auf unserem Planeten empfindlich verschlechtern können, gibt es, wie man an dem vorangehenden, keinen Anspruch auf Vollständigkeit erhebenden Desasterkataster ersehen kann, genug. Und natürlich sind die Ängste, die diesen Katastrophenszenarien zugrunde liegen, oft berechtigt: Die Wahrscheinlichkeit, dass es zu einem Reaktorunglück wie in Fukushima kommen und sich eine radioaktive Wolke über dicht besiedelte Gebiete, gerade im mit Atommeilern üppig bebauten Westeuropa, legen könnte, liegt Berechnungen des Max-Planck-Instituts zufolge bei stattlichen zwei Prozent pro Jahr. Mit anderen Worten: Statistisch gesehen kommt es bei uns alle fünfzig Jahre zu einem atomaren Super-GAU.

Und wenn die Katastrophe nicht, um es mit einem vielzitierten Wort des Dichters T. S. Eliot zu sagen, «mit einem Knall» kommt, dann ziemlich sicher «mit Gewimmer»: Die Erdbevölkerung hat sich in den letzten dreihundert Jahren verzehnfacht und soll noch in diesem Jahrhundert die Zehn-Milliarden-Marke überschreiten. Der globale Energieverbrauch ist allein im Lauf des zwanzigsten Jahrhunderts um das Sechzehnfache gestiegen. Infolge der Treibhausgasemissionen könnte die Durchschnittstemperatur auf der Erde Schätzungen des Weltklimarats zufolge bis zum Ende des Jahrhunderts um bis zu sechs Grad Celsius steigen, mit unabsehbaren ökologischen und sozioökonomischen Folgen. Das Anthropozän – wie der Meteorologe Paul J. Crutzen die gegenwärtige, vom Menschen geprägte geologische Epoche getauft hat – könnte in nicht allzu ferner Zukunft in ein globales Desaster münden.

Dennoch stellt sich die Frage, weshalb ein solches Desaster gleich das Ende der Menschheit, der Natur, der Erde, der Welt oder, wie nicht wenige Propheten des Nieder- und Untergangs verkündet haben: gar das Ende der Zeit markieren sollte. «Wie sollen wir diejenigen, die das Ende der Welt kommen sehen, davon überzeugen, daß andere, in der Vergangenheit, es auch schon gesehen haben, und das in jeder Generation?», fragt der Schriftsteller und Philosoph Umberto Eco. «Daß es sich um eine Art wiederkehrenden

Traum handelt, wie zum Beispiel davon, daß uns die Zähne ausfallen oder wir nackt auf der Straße stehen? Nein, wird man antworten, dieses Mal ist es viel ernster.»

Allerdings erscheint dieser (Alb)Traum derzeit begründeter denn je – und die Einsicht, dass andere Menschen ihn, unter anderen historischen Gegebenheiten, auch schon geträumt haben, macht ihn nicht weniger beängstigend. «Der kritische Eifer, der dazu antreibt, überall Vorgänger, Kontinuitäten und Wiederholungen wiederzuerkennen, vermag uns zu selbstmörderischen Traumwandlern zu machen, die blind und taub *neben dem Unerhörten* stehen», warnt der Philosoph Jacques Derrida. «Man kann genauso sterben, nachdem man sein Leben damit verbracht hat, als hellsichtiger Historiker zu erkennen, in welchem Ausmaß all das nicht neu ist.» Mit anderen Worten: Nur weil die Menschheit unter chronischer Apokalypsie leidet, bedeutet das noch lange nicht, dass die Welt nicht trotzdem untergehen könnte. Gut möglich, dass wir näher am Abgrund stehen denn je zuvor. Gut möglich, dass wir aus dem vermeintlichen Traum aufschrecken und erkennen: Wir waren die ganze Zeit wach. Dieses Mal ist es viel ernster.

Dennoch, darin hat Umberto Eco recht, ist der Glaube an das Weltende, wie wir gesehen haben, sehr viel älter als die Erfindung des Brennstoffmotors und der Wasserstoffbombe. Und: Er entzündet sich selbst in unserem vermeintlich aufgeklärten Zeitalter nicht nur an naturwissenschaftlich belastbaren Fakten oder tatsächlichen Problemen (sonst müssten die Umwelt- und die Anti-Atom-Bewegung lemminghaften Zulauf haben), sondern auch und vorzugsweise an vollkommen willkürlichen Symbolen wie Gestirn- und Kalenderkonstellationen. Fast könnte man den Eindruck gewinnen, dass die Menschheit kaum einem Thema mehr Aufmerksamkeit widmet als ihrem eigenen Untergang. Warum aber blicken wir so gern in den Abgrund? Weshalb scheinen wir unser Ende nachgerade herbeizusehnen? Wie kommt es, dass wir es beinahe zwanghaft in immer neuen Mythen, Büchern, Filmen, Songs und Videospielen imaginieren?

Weil erst ihr Ende der Welt eine Form gibt Das Ticken einer Standuhr klingt, wenn die Uhr keine Unwucht hat, eigentlich immer gleich. Dennoch umschreiben wir das Geräusch, das sie im Sekundenabstand macht, nicht als ‹Tick-Tick›, also als beliebig fortsetzbare Folge ein- und desselben

Lauts, sondern als ‹Tick-Tack›. Dadurch geben wir dem ebenso gleichförmigen wie unaufhaltsamen Fortschreiten der Zeit unbewusst eine rudimentäre erzählerische Struktur; wir tun so, als ob der erste Sekundenschlag einen Anfang darstellt und der zweite, darauffolgende ein Ende. Ganz ähnlich verhält es sich, so der Literaturwissenschaftler Frank Kermode, mit unserer Sehnsucht nach dem Weltuntergang. Unsere Faszination für das Ende sei möglicherweise Ausdruck des kollektiven Verlangens, «das Verrinnen der Zeit zu stoppen: sich der unerträglichen Vorstellung zu widersetzen, dass die Ereignisse der Welt, in der wir leben, keine logische Abfolge haben, kein Muster ergeben, [...] keine erkennbare Struktur aufweisen.» Indem wir Geschichten von Schöpfung und Untergang, vom Anfang und Ende der Welt erzählen, versuchen wir, den chaotischen und kontingenten Weltverlauf in eine narrative Form zu pressen.

Weil erst ihr Ende der Welt einen Sinn verleiht Wenn wir vom Ende der Welt sprechen, dann meinen wir damit in der Regel ihren Abschluss, ihre Zerstörung, ihren *terminus*. Bis ins achtzehnte Jahrhundert hatte das deutsche Wort Ende aber noch eine andere Bedeutung: nämlich Ziel, Zweck, *telos*. Das ‹Ende der Welt› wäre in diesem Sinn des Wortes ihre Erfüllung, ihre Vollendung – das Erreichen eines durch eine religiöse Idee wie Gott oder eine säkulare Idee wie Fortschritt vorgegebenen Abschlusses. Idealerweise und in der Vorstellung der meisten Menschen fallen diese beiden Enden, *terminus* und *telos*, nun im Weltende zusammen: Wir wollen also nicht nur, dass die Welt eine narrative Struktur (Anfang, Mitte und Schluss) hat, sondern auch, dass sie einen Sinn ergibt. Der Grund, weshalb die Menschen ein Ende der Welt erwarten, so Immanuel Kant, scheine «darin zu liegen, weil die Vernunft ihnen sagt, daß die Dauer der Welt nur sofern einen Werth hat, als die vernünftigen Wesen in ihr dem Endzweck ihres Daseins gemäß sind, wenn dieser aber nicht erreicht werden sollte, die Schöpfung selbst ihnen zwecklos zu sein scheint: wie ein Schauspiel, das gar keinen Ausgang hat und keine vernünftige Absicht zu erkennen giebt».

Weil alles irgendwann endet Häuser werden zu Ruinen, Flaschen zu Glasscherben, Metallteile verrosten, das Tafelsilber läuft schwarz an ... Es gehört zu den allgemeinmenschlichen Erfahrungen, dass Kultur einen stetigen Kampf gegen das Chaos darstellt – und zwar einen Kampf, den wir nur verlieren können. Die Entropie ist immer stärker. Die Ruine wird nie von selbst zu einem bewohnbaren Haus, die zerbrochene Weinflasche fällt nicht zurück auf den Tisch und setzt sich wieder zusammen, das Tafelsilber putzt sich nicht von alleine. Dasselbe gilt auch für alles organische Leben: Sämtliche Pflanzen, Tiere und Menschen müssen eines Tages sterben – und deshalb, so die naheliegende Schlussfolgerung, auch der Planet, auf dem sie (noch) leben. «Das Werden schleppt das Gewesensein hinter sich her», wie Friedrich Nietzsche mit nonchalantem Nihilismus in der *Morgenröthe* schreibt. «Warum sollte es von diesem ewigen Schauspiele eine Ausnahme für irgend ein Sternchen und wiederum für ein Gattungchen auf ihm geben!»

Weil der Tod eine Zumutung ist Die Tatsache, dass der Mensch sterben muss, die Welt sich nach seinem Tod aber ungerührt weiterdreht, stellt eine tiefe narzisstische Kränkung dar. «Das Bewusstsein, als Episode zwischen Natalität und Mortalität in den Weltlauf eingelassen zu sein», schreibt Hans Blumenberg, «beginnt mit der schlichten und unselbstverständlichen Wahrnehmung, daß die Welt so wenig mit dem eigenen Leben endet, wie sie mit ihm begonnen hat, und ist jederzeit wieder darin auffindbar, dass keine Generation sich mit dieser Fatalität abzufinden vermag.» Die individuelle Lebenszeit des Menschen, so die schmerzhafte Einsicht, ist begrenzt – die Weltzeit hingegen ist scheinbar unendlich. Verwandte und Freunde mögen zwar trauern – der Welt insgesamt ist der Tod eines Individuums aber herzlich egal. Der Glaube an ein Ende der Welt zu Lebzeiten stellt vermutlich den Versuch dar, das Ende dieser beiden Epochen – Lebens- und Weltzeit – miteinander zu harmonisieren. Es geht, so Blumenberg, «um die Aufhebung des Ärgernisses, welches der einzelne daran nimmt, daß die Welt über die Grenzen seiner Lebenszeit hinweg unberührt fortbesteht und sich noch anderer Freuden zu erfreuen anschickt, als ihm selbst vergönnt sein mögen.»

Weil die Welt für den Einzelnen gestorben ist Im extremen, pathologischen Fall kann der Glaube an das Ende der Welt aber auch daraus resultieren, dass der Einzelne keine Beziehung mehr zu ihr aufbauen kann und sie daher *für ihn* nicht mehr existiert. Sigmund Freud schildert einen solchen subjektiven Fall von Weltuntergang in seiner Schrift «Über einen autobiographisch beschriebenen Fall von Paranoia»: Sein Patient sei von der Vorstellung besessen gewesen, dass die Erde aufgrund einer «Vereisung durch Zurückziehen der Sonne» oder durch ein Erdbeben zerstört worden sei; sich selbst hielt er für den letzten überlebenden Menschen. Freud zufolge resultierte diese apokalyptische Wahnvorstellung daraus, dass der Kranke «den Personen seiner Umgebung und der Außenwelt überhaupt die Libidobesetzung entzogen [hat], die ihnen bisher zugewendet war; damit ist alles für ihn gleichgültig und beziehungslos geworden [...]. Der Weltuntergang ist die Projektion dieser innerlichen Katastrophe.» Folgt man dem Historiker Norman Cohn, so lassen sich auch viele apokalyptisch inspirierte Massenbewegungen des Mittelalters so erklären: als «paranoide» Reaktionen auf Bedingungen der ökonomischen Benachteiligung, der Unterdrückung oder der politischen Verfolgung.

Weil die Welt ungerecht ist Man muss aber nicht unter Wahnvorstellungen leiden, um an ein baldiges Weltende zu glauben – es genügt schon der Glaube an einen wohlmeinenden, allwissenden, allmächtigen Gott. Alle monotheistischen Religionen müssen sich, wie erwähnt, mit der Frage auseinandersetzen, wie die Existenz eines seine Kreaturen liebenden Weltenlenkers mit der Mangelhaftigkeit seiner Schöpfung, mit Leid, sozialer Ungleichheit, Krankheit und Tod vereinbar ist. Die Vorstellung eines Weltendes, meist mit anschließendem Strafgericht, bietet nun eine kongeniale, da kaum zu widerlegende Antwort auf diese Theodizeefrage. Sie interpretiert die herrschenden Verhältnisse einfach als vorübergehende Phase, die jeden Augenblick enden und sich in ihr Gegenteil verkehren kann: Die Ersten werden die Letzten sein, die Letzten werden die Ersten sein. Der Weltuntergang markiert, in den Worten des Theologen Klaus Berger, «die große Richtigstellung», jenen Moment, wenn bestehendes Unrecht beseitigt, die Opfer der Geschichte rehabilitiert und die Herrschenden vom Thron gestürzt werden. In ihrer letzten Konsequenz erlaubt die apokalyptische Denkfigur es sogar, Katastrophen und Misserfolge als Zeichen für eine baldige Veränderung zum Guten zu deuten. Denn je schlechter die Welt, desto wahrscheinlicher das korrigierende Eingreifen Gottes.

Weil die Welt schlecht, ihr Ende aber gut ist Tatsächlich entstanden fast alle apokalyptischen Schriften des Juden- und Christentums in Situationen, als die Gruppen, an welche sich diese Texte richteten, von Exil, kultureller und religiöser Verfolgung oder dem Tod bedroht waren – als die konkrete geschichtliche Erfahrung also in eklatantem Widerspruch zum Glauben an einen allmächtigen Gott stehen musste. Das Buch Hesekiel wird auf die Zeit der babylonischen Gefangenschaft datiert, das Buch Daniel wurde während der Besatzung Jerusalems durch die griechischen Seleukiden verfasst, und die Offenbarung des Johannes entstand während der Verfolgung der frühen Christen unter Kaiser Domitian.

Das Bemerkenswerte an diesen Texten ist nun, dass sie einerseits Ereignisse von enormer Grausamkeit schildern – dass sie diese Ereignisse aber zugleich als gottgefällig und gut erscheinen lassen. Dadurch ermöglichen sie es den Gläubigen, sonst eher übelbeleumundete Gefühle wie Hass und Rachsucht als von höchster Stelle sanktioniert zu begreifen. «Die Apokalypse [...] erlaubt, in grandiosen Rachephantasien den Untergang einer ins Zeichen der tyrannischen Willkür getretenen Geschichte zu feiern», schreibt Hartmut Böhme. «Ohne Zweifel bestand ein Großteil der historischen Anziehungskraft der Apokalypse in der Rechtfertigung der unbändigen Gewalt und des Rachedurstes, die in der geschundenen Kreatur toben.» Der Glaube an ein katastrophales Ende der bestehenden Weltordnung erhöht ansonsten als nieder geltende Instinkte, indem er sie in einen göttlich verfügten Heilsplan einbettet.

Weil die Welt kompliziert, ihr Untergang aber einfach ist Die politischen und ökonomischen Prozesse, die unser irdisches Dasein prägen, sind verwickelt und schwer zu durchschauen, der Verlauf der Geschichte ist kontingent, ihre weitere Entwicklung offen. Das apokalyptische Weltbild bietet demgegenüber ein dankenswert klares dualistisches Muster. Ihm zufolge lassen sich alle irdischen Phänomene als Folge und Teil eines grundlegenden Widerstreits zwischen zwei um die Weltherrschaft ringenden Mächten – Gut und Böse, Licht und Schatten, Erlöser und Antichrist – begreifen. Und nicht nur das, es bietet auch einen zeitlichen Horizont: An die Stelle eines in ungewisse Ferne mäandernden Weltlaufs setzt der Endzeitglaube einen erhabenen finalen Moment, an dem der gordische Knoten des verwickelten menschlichen Miteinanders ein für alle Mal zerschlagen wird; einen Augenblick, an dem, so Hartmut Böhme, die «verwirrende, undarstellbare Größe der produzierten Welt überboten wird durch Reduktion auf den einen Nenner: ihre [...] Zerstörung.» Der Glaube an den Weltuntergang stellt also eine radikale Form der Komplexitätsreduktion dar. Er widersetzt sich dem ermüdenden Kleinklein des postmodernen, spätkapitalistischen, demokratischen Daseins und setzt an seine Stelle die Vision eines mythischen Konflikts.

Weil mit der Welt auch die Zivilisation untergeht Ähnlich komplex wie die politischen und ökonomischen Zusammenhänge sind auch die Regeln unseres individuellen menschlichen Miteinanders. Andauernd sollen wir unsere Begierden zügeln, unsere Triebe sublimieren, nicht unseres Nächsten Frau, Haus, Feld oder Esel begehren. Allerdings sind diese sozialen Regeln auf ein längerfristiges Zusammenleben ausgerichtet: Ein wesentlicher Grund, weshalb wir morgens nicht einfach im Bett liegen bleiben, mittags das Feinkostgeschäft nebenan überfallen und abends mit dem nächstbesten Weib- oder Männchen ins Bett springen, besteht ja darin, dass wir auch weiterhin mit unserem Arbeitgeber, Feinkosthändler, Partner eine Lebenswelt teilen werden.

Mit dem bevorstehenden Weltuntergang und dem damit einhergehenden Zusammenbruch der sozialen Ordnung fällt dieser Grund allerdings weg. Die Vorstellung vom Weltende geht daher oft mit Phantasien ungezügelter Sexualität, maßlosen Konsums und rücksichtsloser Regelverletzungen einher. Nur so ist erklärlich, weshalb ausgerechnet nordamerikanische Fundamentalisten es bisweilen mit der Bewahrung der Schöpfung nicht besonders genau nehmen, sondern im Gegenteil unmäßigen Rohstoffverbrauch betreiben; nur so ist erklärbar, weshalb endzeitgläubige Hindus, denen zufolge wir im Kaliyuga leben, es teilweise nicht mehr für nötig erachten, den Müll wegzuräumen. Allerdings muss man sich für eine solche Form zukunftsskeptischen Verhaltens schon sehr sicher sein, dass das Ende der Welt auch wirklich bevorsteht, und nicht mit einer göttlichen Ahndung dieser letzten Vergehen (Jüngstes Gericht, schlechtes Karma) einhergeht.

Weil Das Tragische ist: Letzten Endes werden all jene, die an ein Ende der uns bekannten Welt glauben, recht behalten. Natürlich wird die Erde untergehen: spätestens in circa fünf Milliarden Jahren, wenn die Sonne ihre Vorräte an Wasserstoff verbraucht haben und sich in einem letzten Kraftakt auf ein Vielfaches ihrer derzeitigen Größe ausdehnen wird. Sollte dann noch Leben auf der Erde existieren, wird es durch die enorme Strahlung dieses aufgedunsenen Roten Riesen verbrannt werden; vielleicht wird die Hülle der Sonne sich auch so weit aufblähen, dass sie unseren ehemals blauen, dann aber bereits rußschwarzen und ausgedorrten Planeten einfach verschluckt. Dass es zu diesem Zeitpunkt, irgendwo in den Tiefen des Alls, noch einen Menschen geben wird, der diesen Weltuntergang miterleben und betrauern könnte, ist allerdings mehr als fraglich.

Hexakosioihexekontahexa

Bevor es zum Jüngsten Gericht, der Verdammnis der Bösen und dem letztgültigen Gottesreich kommt, übernimmt nach Vorstellung vieler Gläubiger noch einmal eine Figur, die das absolut Böse repräsentiert, die Regierungsgewalt auf Erden. Im jüdischen Tanach hat sie die Gestalt eines Horns mit menschlichem Antlitz, das aus dem Kopf eines Monsters wächst: «Es wird den Höchsten lästern und die Heiligen des Höchsten vernichten und wird sich unterstehen, Festzeiten und Gesetz zu ändern», also die religiöse und staatliche Ordnung auf den Kopf stellen. Im Neuen Testament wird sie wahlweise als «Mensch der Bosheit», «Sohn des Verderbens», «Widersacher» oder «Greuelbild der Verwüstung» bezeichnet. Die meisten Christen kennen sie unter der schlichten Bezeichnung «Antichrist».

Die biblischen Quellen, die diesen unangenehmen Endzeitgenossen beim Namen nennen, sind dürftig. In der gesamten Heiligen Schrift erscheint der Begriff Antichrist nur fünfmal, nämlich im ersten und zweiten Brief des Johannes, wo er allerdings nicht eine individuelle Personifikation des Bösen, sondern ganz allgemein falsche Propheten und Ketzer beschreibt: «Kinder, es ist die letzte Stunde! Und wie ihr gehört habt, daß der Antichrist kommt, so sind nun schon viele Antichristen gekommen.» Die populäre Vorstellung vom Antichrist als *dem* Erzschurken und einzigartigen Stellvertreter Satans auf Erden wurde maßgeblich durch die Beschreibung des Tiers in der Johannes-Offenbarung geprägt, der wir unter anderem den Hinweis auf die Kennziffer 666 verdanken, anhand derer er identifiziert werden kann. Außerdem durch apokryphe Texte wie die Apokalypse des Elias sowie die Apokalypse des heiligen Johannes des Theologen, die sachdienliche Hinweise zu Statur und Physiognomie des Obersten Widersachers geben.

Wenn man diesen spätantiken Quellen Glauben schenken möchte, ist der Antichrist hochgewachsen und schlank. Seine Beine sind dünn, seine Füße platt, das Gesicht ist schmal geschnitten, die Nase ist lang und die Lippen sind dick und sinnlich. Die Haare des Antichristen sind wahlweise feurig, weißgrau oder zu pfeilförmigen Spitzen toupiert. Das hervorstechendste physiognomische Kennzeichen des Antichristen sind aber seine Augen: Der Elias-Apokalypse zufolge ist das rechte Auge blutunterlaufen, während das linke blauschwarz gefärbt ist, außerdem hat es zwei Pupillen. Anderen Quellen zufolge leuchtet das rechte Auge wie ein Morgenstern, während das linke wie das eines Löwen aussieht, oder aber das linke Auge ist unbeweglich, tot oder steht unnatürlich weit hervor. Fast alle Beschreibungen stimmen jedenfalls darin überein, dass sich die beiden Augen des Antichristen auf groteske Weise unterscheiden: Der Antichrist hat sozusagen eine schiefe Sicht auf die Welt, er sieht sie gebrochen, aus einem anderen Blickwinkel als der Rest der Menschheit. Diese Tradition vom Antichristen als asymmetrisch beäugtem Menschen lebt bis heute in der Populärkultur fort: Ernst Stavro Blofeld, der böse Widersacher des modernen Agenten-Messias James Bond, hat bei seinem ersten öffentlichen Auftritt (in *You Only Live Twice*) ebenfalls ein verwachsenes Auge; sein Stellvertreter und Ersatzbösewicht ‹Nummer 2› trägt eine Augenklappe.

Die Hingabe, mit welcher der Körperbau und die Physiognomie des Antichristen in vielen frühchristlichen Texten beschrieben werden, weist auf eine wichtige Tatsache hin: Der Widersacher der Letzten Tage ist, anders als die metaphysische Figur des Teufels, ein *Mensch*. Der Antichrist steht damit in klarer Analogie zu Jesus Christus. So wie dieser die Fleischwerdung Gottes darstellt, ist jener die Inkarnation des Teufels auf Erden. Auch darüber hinaus weist der Antichrist bemerkenswerte Ähnlichkeiten mit dem christlichen Erlöser auf: Wie Christus ist er Teil einer Dreifaltigkeit, er bildet zusammen mit dem Drachen sowie dem ersten Tier eine unheilige Trinität. Und wie Christus kann er Zeichen und Wunder vollbringen: Der Antichrist kann auf dem Wasser gehen, er macht die Lahmen wieder gehend, er heilt die Aussätzigen und gibt den Stummen die Gabe der Rede zurück; ja manchen Kommentatoren zufolge kann er sogar die Toten wieder zum Leben erwecken. «Denn in Allem», schreibt der Kirchenvater Hippolytus in *De Antichristo*, dem ersten theologischen Traktat zum Thema, «will der Verführer dem Sohne Gottes ähnlich sein. Weil Christus ein Löwe, daher auch der Antichrist ein Löwe, weil Christus ein König, auch der Antichrist ein König. Weil der Erlöser sich als Lamm zeigte, so wird er auch als Lamm erscheinen, während er im Innern ein Wolf ist. [...] Der Erlöser sammelte die zerstreuten Schafe, er wird ebenfalls das zerstreute Volk versammeln. Der Herr gab denen, die an ihn glauben, ein Siegel, das Gleiche wird er thun.»

Wenn der Antichrist aber, wie Hippolytus mutmaßt, dem Gottessohn tatsächlich «in Allem [...] ähnlich sein» will – dann stellt sich die Frage, wie er sich überhaupt von Christus unterscheidet. Zugegeben: Er verfolgt die Gläubigen und verbreitet unter ihnen Angst und Schrecken; aber Ähnliches ließe auch vom strafenden Christus der Johannes-Offenbarung sagen, der seinerseits die *Un*gläubigen (etwa in Offenbarung 19,21) unbarmherzig mit dem Schwert erschlägt und ihre Kadaver den Vögeln zum Fraß vorwirft. Der wichtigste Unterschied zwischen Christus und Antichristus, so mag es manchmal scheinen, ist, dass Christus am Ende gewinnt.

Fest steht jedenfalls, dass die beiden Figuren, so unversöhnlich sie sich am Ende der Zeit auch bekämpfen mögen, einander dringend brauchen. Sie sind direkt aufeinander bezogen, ja stehen in einer komplementären Beziehung zueinander. «Die [...] Geburt des Antichristen ist untrennbar mit dem Glauben verbunden, dass Jesus von Nazareth, ein jüdischer Wanderprediger, der um das Jahr 30 aktiv war, der Messias, also Christus sei», schreibt Bernard McGinn. «Die Legende vom Antichristen entwickelte sich als dialektisches Gegenstück zu der Auffassung, dass Jesus der Christus sei.» Während Christus in Analogie zum ersten Menschen oft als ‹zweiter Adam› interpretiert wurde, stellt der Antichristus McGinn zufolge den «letzten und bösesten Adam» dar: Er verkörpert jene schwache, sündhafte, verderbte Seite Adams, die zu dessen Fall führte. Indem der Antichrist alle negativen Charakterzüge des ersten Adam in seiner Person vereinigt, ermöglicht er es dem zweiten Adam (Christus), durch und durch gut zu sein. Mit anderen Worten: Wenn Christus Dr. Jekyll ist, dann ist der Antichrist Mr. Hyde – die finstere Seite seiner Persönlichkeit, in welcher der Menschensohn alle negativen Eigenschaften auslagern kann. Bernard McGinn bezeichnet den Antichristen daher auch als «Alter Ego» von Jesus Christus.

Da der Antichrist also gewissermaßen eine Negativkopie des christlichen Erlösers darstellt und ihm in allen Aspekten, außer eben der rechten Gesinnung, nacheifert, kann es nicht überraschen, dass sich im Who's Who der Antichristen nicht nur weltliche Autoritätspersonen, sondern auch zahlreiche kirchliche Würdenträger, ja sogar Religionsstifter finden: Des einen Heiland ist des anderen Antichrist. Die Liste an Kandidaten für den Posten des Erzwidersachers ist lang. Auf jeden Fall, so viel lässt sich mit einiger Sicherheit sagen, handelt es sich beim Antichristen um einen Mann; zumindest wurde in den zweitausend Jahren seiner Existenz keine einzige Frau mit ihm in Verbindung gebracht. Aber vielleicht ist auch das nur ein Teil seines teuflischen, täuschenden Plans.

Antiochos IV. Seleukidischer Herrscher. Besetzte im Jahr 167 vor christlicher Zeitrechnung Jerusalem, entweihte den Tempel, verbot den Juden das Feiern des Sabbats und den Ritus der Beschneidung und zwang sie zum Essen von Schweinefleisch. Stellt daher mit an Sicherheit grenzender Wahrscheinlichkeit das historische Vorbild für das diabolische Horn «mit Augen wie Menschenaugen» aus dem Buch Daniel, also den alttestamentarischen Vorläufer des Antichristen dar.

Nero Von 54 bis 68 Kaiser des Römischen Reichs. Forderte angeblich von seinen Untertanen gottgleiche Anbetung, verfütterte Christen an wilde Tiere und ermordete seine eigene Mutter. Man traute ihm daher offenbar alles zu, unter anderem hielt sich hartnäckig der Glaube, dass Nero am Ende der Zeit (anti)christusgleich von den Toten auferstehen werde, um die Weltherrschaft anzustreben. Das Tier aus der Johannes-Offenbarung mit den sieben Häuptern, die für die Hügel Roms stehen sollen, geht wahrscheinlich auf Nero zurück; die Zahl des Tiers 666 ist, wie erwähnt, eine gematrische Verschlüsselung seines Namens. In der armenischen Sprache ist die Verbindung des verhassten Kaisers zum Widersacher der Letzten Tage noch deutlicher: Das armenische Wort für ‹Antichrist› lautet *nerhn.*

Domitian Von 81 bis 96 Kaiser des Römischen Reichs. Beanspruchte für sich die Ehrentitel *Dominus et Deus,* ‹Herrscher und Gott›, und die Weigerung, seinem Standbild Wein- und Weihrauchopfer darzubringen, konnte mit dem Tod bestraft werden. Da die Apokalypse des Johannes mutmaßlich während seiner Regierungszeit entstand, dürften viele frühe Christen bei der Beschreibung der Bestie, die sich von den Gottlosen verherrlichen lässt, nicht nur an Antiochos oder Nero, sondern auch an Domitian gedacht haben.

Mohammed Um 570 geboren, Religionsstifter des Islam. Für viele Christen des frühen Mittelalters war der Gedanke, dass es neben dem Christentum noch eine andere, ihrer Glaubensrichtung gleichwertige Religion geben könnte, unvorstellbar. Der muslimische Anspruch, dass es sich bei Mohammed um den letzten und bedeutendsten Propheten der Geschichte handelt, musste ihnen als Ketzerei erscheinen. Nachdem im Jahr 638 Jerusalem im Zug der islamischen Expansion an die Umayyaden gefallen war, bestand für viele Christen kein Zweifel mehr, wessen Stunde geschlagen hatte: Der Geschichtsschreiber Paulus Alvarus deutete das Martyrium von neunundvierzig Glaubensgenossen im unter muslimischer Herrschaft stehenden Spanien als Zeichen, dass die Herrschaft des Antichristen angebrochen sei. Und Papst Innozenz III. diffamierte zur Zeit der Kreuzzüge den Propheten Mohammed als apokalyptischen «Sohn des Verderbens» und verkündete, dass die sechshundertsechsundsechzig Jahre seiner Schreckensherrschaft bald vorbei seien.

Friedrich II. Von 1220 bis zu seinem Tod im Jahr 1250 Kaiser des Heiligen Römischen Reichs. Galt als intelligent, aber auch als grausam, eitel und ungläubig, und erfüllte damit wesentliche Voraussetzungen für den Posten des Antichristen. Nachdem er es mehrfach versäumt hatte, einen vertraglich zugesicherten Kreuzzug durchzuführen, wurde Friedrich zunächst von Papst Gregor IX. exkommuniziert und dann als apokalyptische «Bestie aus dem Meer» geschmäht. Der Kaiser und seine Hofpropagandisten antworteten mit gleicher Münze und identifizierten den Papst mit nicht weniger als drei der scheußlichsten Kreaturen der Endzeit: dem feuerroten Pferd, dem Drachen sowie dem Engel des Abgrunds. Nach Friedrichs mutmaßlichem Tod hielt sich hartnäckig das Gerücht, dass der Kaiser, wie einst Nero *redivivus*, von den Toten wiederkehren werde, um die Weltherrschaft anzustreben. Zuletzt wurde er im Jahr 1258 gesichtet, als er mit einem Gefolge von fünftausend Geisterreitern in den Schlund des Ätna, der als traditioneller Eingang zur Hölle gilt, ritt.

Der Papst Oberhaupt der katholischen, also dem Wortsinn nach ‹allgemeingültigen› Kirche, und damit ganz besonders für den Part des Antichristen qualifiziert: «Wenn der Antichrist sich besser verstellen kann als alle anderen Menschen», fragt Bernard McGinn, «wenn er am täuschendsten eine

Maske der Heiligkeit anlegen kann, um dahinter die schlimmsten Verbrechen zu begehen – welche Position wäre dann besser für ihn geeignet als die des spirituellen Führers der Christenheit?» Wurden zunächst nur bestimmte Päpste aufgrund individueller Verfehlungen mit dem Letzten Tyrannen identifiziert, so geriet gegen Ende des Mittelalters der Heilige Stuhl insgesamt in den Verdacht, der Sitz des Antichristen zu sein. Ihren Höhepunkt erreichte diese Entwicklung während der Reformation. Martin Luther verkündete wiederholt, dass der Papst «eyn rechter Endchrist» sowie ein «stinckender grewell / der alle ding wuest macht» sei, und ließ von Lucas Cranach dem Älteren darstellen, wie der Unheilige Vater seiner Ansicht nach auf die Welt kam: durch den Anus des Teufels. Selbstverständlich existierte auch für diese Gleichsetzung ein gematrischer Beweis – die lateinische Bezeichnung für den Papst, *vicarius filii dei* (‹Stellvertreter des Gottessohns›), ergibt, wenn man sie in lateinische Zahlzeichen umwandelt, die übliche, übelbeleumundete Summe:

V + I + C[AR] + I + V[S] [F] + I + L + I + I + D[E] + I
= 5 + 1 + 100 + 1 + 5 + 1 + 50 + 1 + 1 + 500 + 1
= 666

Martin Luther Theologischer Urheber der Reformation und erbitterter Bekämpfer des päpstlichen Widerchristen. Galt daher vielen Katholiken seinerseits als Personifikation des ultimativen Bösen, oder zumindest als *Antichristus mixtus*, das heißt als unmittelbarer Vorgänger des allerletzten Feindes. Wurde aber auch von Vertretern der radikalen Reformation als Antichrist gegeißelt: Der Reformer und Bauernführer Thomas Müntzer etwa beschimpfte Luther, in Anspielung auf eine apokalyptische Passage des Judas-Briefs, als «geistloses, sanftlebendes Fleisch» und setzte ihn mit dem Tier der Apokalypse sowie der Hure Babylon gleich.

Napoleon I. Bonaparte Französischer Staatsmann, General und Kaiser. Erlitt während des Russlandfeldzugs 1812 eine der verheerendsten militärischen Niederlagen der Geschichte – ein Ereignis, das, wie Graf Besuchow in Tolstois *Krieg und Frieden* berechnet, zahlenmystisch vorbestimmt war: Sowohl der Ausdruck *L'Empereur Napoleone* als auch die (grammatikalisch falsche) Wendung *L'Russe Besuhof* ergeben nach seinen Kalkulationen sechs-

hundertsechsundsechzig: «Diese Entdeckung erregte ihn heftig. [...] Das Erscheinen des Antichrist, Napoleons Einfall in Rußland, der Komet, die Zahl 666, L'Empereur Napoleone und L'Russe Besuhof – das alles mußte, heranreifend und endlich aufbrechend, zusammenwirken, um ihn aus der nichtigen Welt seiner Moskauer Gewohnheiten [...] zu befreien und einer großen Tat und einem großen Glück entgegenzuführen.»

Benito Mussolini Von 1922 bis 1943 Diktator des Königreichs Italien, von 1943 bis 1945 Diktator der Italienischen Sozialrepublik. Galt in der Zeit zwischen den Weltkriegen als vielversprechendster Anwärter auf den Thron des Antichristen. Als Indizien galten dabei vor allem, dass Mussolini wie einst Nero seinen Regierungssitz in Rom hatte und dass er die Errichtung eines neuen Römischen Imperiums anstrebte. *Is the Antichrist at Hand? – What of Mussolini?*, fragte schon kurz nach der Machtergreifung des ‹Duce› ein Buchtitel. Wie prägend die Vorstellung des italienischen Diktators als Antichrist bis heute ist, lässt sich daran ersehen, dass Mussolini das historische Vorbild für die literarische Figur des Nicolae Carpathia (siehe dort) darstellt.

Adolf Hitler Von 1933 bis 1945 deutscher Reichskanzler, ab 1934 zudem Reichspräsident, ab 1939 meist nur als ‹Führer› bezeichnet. Aufgrund seiner massenmörderischen Innen- und Außenpolitik ein naheliegender Kandidat für den Posten des Antichristen; außerdem ergibt sein Nachname, wenn man A = 100, B = 101, C = 102 etc. setzt, die altbekannte Zahl des Tiers:

H + I + T + L + E + R
= 107 + 108 + 119 + 111 + 104 + 117
= 666

Hier offenbart sich eine der merkwürdigsten Eigenschaften der volkstümlichen Gematrie: Sie beweist nur, was ohnehin schon bekannt ist, und zielt dabei gern von hinten durch die Brust ins Auge. Warum nämlich sollte sich das antichristliche Wesen des deutschen Diktators hinter einem Dickicht aus Ziffern verbergen, wenn doch andere, weitaus entsetzlichere Zahlen – sechs Millionen ermordete Juden, zwischen sechzig und achtzig Millionen Kriegstote – offen zutage liegen?

Johannes Paul II. Von 1978 bis 2005 Papst der römisch-katholischen Kirche und dadurch in den Augen vieler radikaler Protestanten bereits hinreichend als Antichrist qualifiziert. Als Johannes Paul im Mai 1981 bei einem Attentat schwer verletzt wurde und danach auf ‹wundersame› Weise wieder genas, trug das nur zur Erhärtung dieses Verdachts bei. Schließlich ist die unerwartete Rekonvaleszenz von schweren Verletzungen gemäß Offenbarung 13,3 ein Privileg und klares Kennzeichen des Antichristen: «Und ich sah eines seiner Häupter, als wäre es tödlich verwundet, und seine tödliche Wunde wurde heil. Und die ganze Erde wunderte sich über das Tier.»

Ronald Wilson Reagan Von 1981 bis 1989 Präsident der Vereinigten Staaten von Amerika. War, wie erwähnt, apokalyptischen Spekulationen nicht abhold, was ihn aber nicht davor bewahrte, selbst der Antichristlichkeit verdächtigt zu werden. Zum einen bildet sein Name für zur Zahlenmystik neigende Geister eine interpretatorische Steilvorlage: Nicht nur sein Vorname, auch sein zweiter Vorname und sein Nachname bestehen aus jeweils sechs Buchstaben. Und zum zweiten hatte seine Privatwohnung in Bel Air, Kalifornien die Adresse 666 St. Cloud Drive; nach dem Ende seiner Amtszeit ließ Reagan die unheilschwangere Hausnummer in 668 ändern.

Michail Gorbatschow Von 1985 bis 1991 Generalsekretär des Zentralkomitees der KPdSU, zudem von 1990 bis 1991 Präsident der Sowjetunion, und ein ernsthafter Konkurrent Ronald Reagans für die Position des Antichristen. Diese Auffassung verdankte sich zum einen der Tatsache, dass Gorbatschow mit seiner Abrüstungspolitik entscheidend zur Beendigung des Kalten Kriegs beitrug (ein typisch-trügerisches Manöver des Alten Täuschers!), und zum Zweiten Gorbatschows auffälligem Geburtsfleck. Dieser wurde von amerikanischen Evangelikalen als das vielbeschworene Zeichen des Tieres gedeutet, das der Antichrist und seine Anhänger laut Apokalypse 13,16 auf ihrer Hand oder Stirn tragen.

William Henry Gates III Gründer der Firma Microsoft und als Aktionär sowie Aufsichtsratsvorsitzender des Unternehmens einer der reichsten Männer der Welt. Neben Gates' Vermögen ist Apokalyptikern vor allem die globale Geltung seines Unternehmens suspekt: Vom reibungslosen

Funktionieren (oder Nicht-Funktionieren) der Microsoft-Produkte hängen das Wohl und Wehe von Abermillionen Haushalten, von Unternehmen und staatlichen Behörden ab. Außerdem ergibt der Name des Gründers, wenn man ihn in ASCII-Dezimalkodierung umwandelt, abermals die Zahl des Tiers – allerdings nur, wenn man anstatt William Henry den Rufnamen Bill verwendet und die römische Ziffer III als 3 wertet:

B + I + L + L + G + A + T + E + S + III
= 66 + 73 + 76 + 76 + 71 + 65 + 84 + 69 + 83 + 3
= 666.

Nicolae Carpathia Inkarnation des Antichristen aus der amerikanischen Romanserie *Left Behind*, von der bereits über fünfundsechzig Millionen Exemplare verkauft wurden. Sein Name gemahnt gleichermaßen an den ehemaligen rumänischen Staatspräsidenten Nicolae Ceauşescu und an die Heimat des historischen Grafen Dracula – aber Carpathias Vorfahren stammen dem Autorenduo Tim LaHaye und Jerry Jenkins zufolge, wie Nero, wie Mussolini, aus Rom. Es handelt sich bei Carpathia zwar um eine fiktive Figur, doch gibt diese ziemlich exakt das Bild wieder, das sich evangelikale Christen in den USA heutzutage vom Antichristen machen: Er ist Europäer. Er ist verdächtig kosmopolitisch und gebildet. Und: Er ist Generalsekretär der Vereinten Nationen.

Der internationale Barcode Computerlesbare Abfolge von Strichen, die sich seit den 1970er Jahren auf beinahe allen Industrieprodukten der Welt befindet. Besteht gemäß Industrienorm ISO/IEC 15420 unter anderem aus drei etwas längeren Doppelstrichen, die jeweils am Anfang und Ende des Barcodes sowie in dessen exakter Mitte stehen: || || ||. Hierbei handelt es sich der neureligiösen Glaubensgemeinschaft Fiat Lux zufolge um nichts weniger als das Zeichen des Tiers: «Die drei feingedruckten doppelten Striche […] sind im Weltcomputer jeweils als die 6 gespeichert. Und da es 3-mal jeweils 2 parallel laufende, etwas längere Linien sind, ergibt es verschlüsselt die Zahl 666.» Laut Fiat Lux lässt sich das Malzeichen durch Aufkleben eines Jerusalemkreuzes ☩ über der fraglichen Stelle unschädlich machen. Interessanterweise hat dieses frappierende Ähnlichkeit mit den mittlerweile gängigen quadratischen 2D-Codes.

Das Internet Globales Netzwerk militärischen Ursprungs, Hort der Pornographie, Massenmedium mit enormem Abhängigkeitspotential – es gibt viele gute Gründe, das Internet für den Antichristen oder zumindest für eine seiner besseren Ideen zur Versklavung der Menschheit zu halten. Falls es noch der gematrischen Untermauerung dieses Verdachts bedürfen sollte: Das allgegenwärtige Kürzel für das World Wide Web entspricht auf Hebräisch der Buchstabenfolge *waw waw waw*; und der Zahlenwert des Buchstabens *waw* beträgt sechs.

Niemand Neben dem Internet, einem EU-Generalsekretär (Javier Solana) sowie einer Handvoll amerikanischer Präsidenten (Bill Clinton, beide Bushs) galten um die Jahrtausendschwelle vor allem zwei Personen als Anwärter auf das Amt des Antichristen: der irakische Präsident und Premierminister Saddam Hussein sowie der saudische Terrorführer Osama bin Laden. Spätestens seitdem der Erstere mit kariösen Zähnen aus einem Erdloch gezerrt wurde und der Letztere sich angesichts eines Killerkommandos angeblich hinter einer seiner Frauen verschanzte, hat die Figur des Antichristen jedoch viel von ihrem Schrecken, ihrer Glaubhaftigkeit und, ja: auch von ihrer Würde eingebüßt. Vielleicht ist die Zeit des Antichristen, als Inbegriff des personifizierten Bösen, in unserer postmodernen, funktional ausdifferenzierten Welt ganz einfach abgelaufen. Die Kräfte, die unsere Welt zugrunde richten, lassen sich nicht mehr so leicht auf eine einzelne, dämonische, externe Figur reduzieren. «Das Böse war [...] sichtbar, greifbar lokalisiert. Wir haben es beschwört, befreit, liquidiert», schreibt der französische Philosoph Jean Baudrillard. «Aber hat es deswegen aufgehört, das Böse zu sein? Keineswegs: es ist flüssig geworden, liquide, virusartig [...]; das Böse tritt in die Phase der endgültigen Streuung ein.»

Jedermann Möglicherweise lebt der Antichrist in einer solchen metastasierten Form bis heute fort. Möglicherweise ist er nichts weiter als ein Teil unseres Selbst, eine negative Seite unserer Persönlichkeit, jener «Schatten» (C.G. Jung), den wir als finsteren Gegenpol in uns tragen, über dessen Existenz wir uns aber am liebsten hinwegtäuschen – und gerade dies, die Fähigkeit zur Täuschung, ist schließlich eine der hervorstechendsten Eigenschaften des Antichristen. «Wir leben in einer Kultur, in der es vielfältige [...] Formen des Betrugs gibt», schreibt Bernard McGinn. «Vielleicht sollten wir zugestehen, dass die gefährlichste Form des Betrugs der Selbstbetrug ist: unsere Fähigkeit, uns selbst davon zu überzeugen, dass wir aus den richtigen Beweggründen handeln und das Richtige tun […], obwohl wir doch tief in unserem Innern genau wissen, dass das nicht stimmt.» Vor einem solchen internalisierten Antichristen warnte schon der Kirchenvater Aurelius Augustinus, als er meinte, dass jeder Mensch «sein eigenes Gewissen befragen [müsse], ob er ein solcher [nämlich ein Antichrist] sei». Vielleicht trägt der Antichrist also – ganz gleich, wie unser Gesicht geschnitten ist, egal, ob wir sinnliche Lippen haben, blutunterlaufene Augen oder feuerrote Haare – schon längst unsere eigenen Züge. Vielleicht müssen wir, wenn wir ihn erkennen wollen, einfach nur in den Spiegel schauen.

Hörner aufsetzen

1. Nehmen Sie den Namen eines Politikers, Papstes, Firmengründers, Aufsichtsratsvorsitzenden, Investmentbankers, Prominenten oder einer sonstigen Person, die Ihnen verdächtig vorkommt.
2. Wählen Sie aus den vertikalen Spalten der folgenden Tabelle ein System zur Umwandlung von Buchstaben in Zahlenwerte: hebräische Zahlschrift (H), griechische Zahlschrift nach dem Thesis-Prinzip (GT), griechische Zahlschrift nach dem milesischen Prinzip (GM), römische Zahlen (R), modernes lateinisches Alphabet (L), modernes lateinisches Alphabet plus hundert (L+100), ASCII-Codierung im Dezimalsystem (A10), ASCII-Codierung im Oktalsystem (A8).
3. Ordnen Sie den Buchstaben des verdächtigen Namens solange die entsprechenden Zahlenwerte aus der gewählten Spalte zu, bis Sie als Summe 666 erhalten. Verwenden Sie gegebenenfalls auch Ruf- und Kosenamen, Abkürzungen, Ehrentitel, Berufs-, Standes- und Nationalitätsbezeichnungen.
4. Sollten Sie trotz anhaltenden Konvertierens und Addierens keinen Erfolg haben, seien Sie unbesorgt: Der von Ihnen Verdächtigte ist bestimmt der Antichrist. Sie haben nur noch nicht die Formel gefunden, um es zu beweisen.

	H	GT	GM	R	L	L+100	A10	A8
A	1	1	1		1	101	65	101
B	2	2	2		2	102	66	102
C				100	3	103	67	103
[Ch]	8|20	22	600					
D	4	4	4	500	4	104	68	104
E		5|7	5|8		5	105	69	105
F	80				6	106	70	106
G	3	3	3		7	107	71	107
H	5				8	108	72	110
I		9	10	1	9	109	73	111
J	10	9	10		10	110	74	112
K	20|100	10	20		11	111	75	113
L	30	11	30	50	12	112	76	114
M	40	12	40	1000	13	113	77	115
N	50	13	50		14	114	78	116
O	6	15|24	70|800		15	115	79	117
P	80	16	80		16	116	80	120
[Ph]		21	500					
Q			90		17	117	81	121
R	200	17	100		18	118	82	122
S	7|60	18	200		19	119	83	123
[Sch]	300							
T	9|400	8|19	9|300		20	120	84	124
U				5	21	121	85	125
V	2			5	22	122	86	126
W	6				23	123	87	127
X		14	60	10	24	124	88	130
Y		20	400		25	125	89	131
Z	90	6	7		26	126	90	132

Drohkulisse

Betrachtet man christliche Darstellungen des Jüngsten Gerichts – sei es auf Altarbildern von Jan van Eyck, Fra Angelico oder Hieronymus Bosch, sei es auf den berühmten Fresken von Giotto in der Scrovegni-Kapelle in Padua oder dem Tympanon einer beliebigen Dorfkirche –, dann fällt auf, dass das Reich himmlischer Freuden, welches die Erwählten erwartet, recht langweilig sein muss. Die guten Menschen, die sich zur Rechten des himmlischen Throns versammeln, stehen meist brav in Reih und Glied, die immer gleichen weißen Gewänder um die züchtigen Lenden geschlungen, ein immer gleiches *gloria patri et filio et spiritui sancto* auf den Lippen.

Die Verdammten hingegen, so misslich ihre Lage auch sein mag, bieten einen deutlich interessanteren Anblick, zumal ihre geschundenen Körper, wenn überhaupt, oft nur spärlich bekleidet sind: «Offenbar ist die Darstellung von Körpern, denen Schmerzen zugefügt werden, fast genau so attraktiv wie die Darstellung von Körpern, die nackt sind», schreibt die amerikanische Autorin Susan Sontag. Solange uns die Gefolterten nicht zu nahe stehen und wir uns in dem guten Glauben wiegen, dass uns am Jüngsten Tag kein vergleichbares Schicksal blüht, bereitet der Anblick von fremdem Leiden offenbar erhebliches ästhetisches Vergnügen.

Neben der sadistischen Ergötzung dienten und dienen die üppigen Folterszenen auf vielen Weltgerichtsdarstellungen aber sicher auch der Abschreckung: Um die Menschen zu gottgefälligem Betragen zu bewegen, reichen Darstellungen der zu erwartenden Freuden offenbar nicht aus – man muss auch eine ernstzunehmende eschatologische Drohkulisse aufbauen. All jene ungläubigen Starrköpfe, die sich von diesen Mahnungen nicht beeindrucken lassen, müssen sich auf folgende Höllenqualen einstellen.

Gerädert werden **G**eköpft werden **G**arottiert werden **K**opfüber an den Füßen aufgehängt werden **K**opfüber in ein Erdloch gerammt werden **D**ie Fußsohlen angezündet bekommen **D**ie Fußsohlen mit Hufeisen beschlagen bekommen **M**it glühenden Spießen durchbohrt werden

Mit glühenden Hämmern geprügelt werden In eine Saftpresse gesperrt und ausgequetscht werden Von einer Kröte geschnetzelt und gebraten werden Kopulierend über Kohlen gegrillt werden Mit glühendem Gold gemästet werden Zum Essen von Kröten und Schlangen gezwungen werden Zum Urintrinken gezwungen werden In Drachenblut ersäuft werden Bis zum Kopf im Kot versenkt werden Bei lebendigem Leib gekocht werden Bei lebendigem Leib gefressen werden Dazu gezwungen werden, sich selbst zu verspeisen Von meterlangen Messern zerhackt werden Von übermannsgroßen Mühlsteinen zermahlen werden In einem dornenbesetzten Hamsterrad im Kreis laufen müssen Auf die Zähne eines Sägerochens gespießt werden In die Äste eines Dornbuschs gehängt werden Von Skorpionen gestochen werden Von Schlangen gewürgt werden Von Drachen gebissen werden Von Sphinxen zerkratzt werden Von Zentauren zertrampelt werden Von Monstern zerfleischt werden Von einem Schnabeltier mit Pfeilen durchbohrt werden Von einem Affen mit einem Stock anal penetriert werden Von riesigen Vögeln die Fußsohlen zerhackt bekommen Von einem jaguarköpfigen Mischwesen den Kehlkopf durchbohrt bekommen Von Drachen ins Gesicht gerülpst bekommen Von Monstern ins Gesicht gefurzt bekommen Von Teufeln verschleppt werden Von Teufeln gewürgt werden Von Teufeln vergewaltigt werden Von Teufeln in den Kopf gebissen werden Vom Anus aufwärts in zwei Hälften zerrissen werden Den Kopf gesprengt bekommen In den Pfuhl von Feuer und Schwefel gestürzt werden Bei alledem nicht sterben

Endegelände

Wenn vom Ende der Welt die Rede ist, so ist damit im Allgemeinen ein zukünftiges Ereignis gemeint, etwas, das uns noch bevorsteht. Aber natürlich hat der Begriff Weltende nicht nur eine zeitliche, sondern auch eine räumliche Dimension; das zeigt sich etwa an geographischen Bezeichnungen wie *Finisterre* beziehungsweise *Fisterra* (ein Kap im äußersten Westen Galiziens), *Finistère* (das westlichste Département des kontinentalen Frankreich) oder *Verdens Ende* (die Südspitze der Insel Tjøme in Südnorwegen). Überall, wo die bekannte Welt endet und die Erde ins Meer stürzt, lässt sich diesen Namensgebungen zufolge ein Vorgeschmack auf den Weltuntergang erleben. Die Zeit ist an solchen Orten gewissermaßen nach innen gefaltet; die Zukunft findet ihre Verräumlichung in der Gegenwart.

Die meisten dieser Ortsnamen stammen aus der Antike, als noch die Auffassung vorherrschte, dass die Erde eine Scheibe sei: Am Rand dieser Scheibe, am *finis terrae*, öffnete sich demzufolge das jenseitige Reich, also entweder der Abgrund zur Hölle oder der Eingang zum Paradies. Auch wenn den meisten Normalsterblichen der Weg in diese Zukunftsgefilde versperrt blieb, war es also prinzipiell möglich, auf dem Zeitpfeil vor- und zurückzubalancieren, sich nicht nur im Raum, sondern auch innerhalb der Heilsgeschichte zu bewegen. Nachdem sich im Spätmittelalter die Erkenntnis durchgesetzt hatte, dass die Erde eine Kugel ist, war solchen zweidimensionalen Weltrandvorstellungen die Grundlage entzogen: Wenn sich jenseits des Gesichtskreises kein Abgrund mehr auftut, sondern stattdessen neue Meere, Kontinente und Perspektiven eröffnen, verliert die Horizontlinie ihren Schrecken – im Gegenteil, sie wird zu einer immer weiter verschiebbaren Grenze, die geradezu zur Überschreitung herausfordert.

Dennoch wurden und werden auch in der Neuzeit immer wieder Raum und Zeit beziehungsweise deren Ende(n) ineinanderteleskopiert; vor allem im Genre der Science-Fiction, wo am Ende des Universums auffallend häufig die Apokalypse lauert. Der Weltuntergang ist in diesen modernen Mythen also vom Rand der Erdscheibe an die Ränder des Weltraums verschoben. An die Stelle des kreisförmigen Weltrandkonzepts tritt die Vorstellung einer dreidimensionalen, meist als Kugel-, Trompeten- oder Ellipsoidform gedachten Grenze. In Ridley Scotts Film *Prometheus* suchen Astronauten auf einem fernen Planeten nach dem Ursprung der Menschheit, finden statt eines wohlmeinenden Gottvaters aber nur einen übelgelaunten Demiurgen, der umgehend versucht, seine missratene Schöpfung zu vernichten. Und in Douglas Adams' Roman *Das Restaurant am Ende des Universums* können die Gäste der titelgebenden Lokalität, von einer kraftfeldgepanzerten Kuppel geschützt, allabendlich das Zusammenfallen von *finis terrae* und *finis temporis* erleben. Das Restaurant wird zu diesem Zweck von mächtigen «Zeitturbinen» über den äußersten Rand des Raums und der Zeit hinausgetrieben und dann, zum Glück für die Restaurantbesucher, schnell wieder zurückgezogen.

Aber man muss sich gar nicht bis an das Ende des Weltraums oder der Weltzeit begeben, um sich für die Apokalypse zu akklimatisieren. Nicht nur am Rand des Universums – auch auf unserem Planeten selbst, in allen vier Himmelsrichtungen oder «Ecken der Erde», wie die Johannes-Offenbarung formuliert, gibt es Orte, wo sich ein Vorgeschmack auf das Ende der Welt erleben lässt.

N Die Ewigkeit, die auf den Jüngsten Tag folgen soll, zeichnet sich, wie erwähnt, durch absoluten Stillstand aus, durch die Abwesenheit von Leben, Bewegung oder Veränderung: «Denn wäre in der Welt noch Veränderung, so wäre auch die Zeit da», schreibt Immanuel Kant in «Das Ende aller Dinge»: «Alsdann wird nämlich die ganze Natur starr und gleichsam versteinert.» Man könnte auch sagen: Alsdann wird nämlich die ganze Natur *vereist.* Wenn man versucht, sich die allumfassende Stasis einer gerade noch belebten Welt vorzustellen, so bietet sich das Bild der Gefrierung an: Die Pflanzenwelt ist erstarrt; die Körper von Menschen und Tieren sind in der letzten Bewegung erfroren; Formen und Farben sind noch erhalten, aber unbelebt, dahinter erstrecken sich unendliche, lebensfeindliche Eiswüsten.

Vermutlich ist dies der Grund, weshalb Romanciers und Filmemacher, wenn sie eine postapokalyptische Welt zu entwerfen versuchen, immer wieder auf Motive aus dem hohen und höchsten Norden zurückgreifen. Im Lauf des neunzehnten Jahrhundert fand, so der Literaturwissenschaftler Albrecht Koschorke, zunehmend eine «apokalyptische Vereisungslehre» Verbreitung, ein «moderner Mythos, der von der kosmologischen Umwandlung der Zeit in räumliche Starre handelt». So schrieb Nikolaus Lenau 1832 in einem Brief: «Ja, teure Freundin, unsere Mutter Erde ist im Sterben begriffen. Sie werden wissen, daß sich die Todeskälte von den beiden Polen immer weiter nach den noch warmen Gegenden der Erde verbreitet, wie der sterbende Mensch zuerst an den Extremitäten erkaltet.» In Cormac McCarthys Roman *The Road* aus dem Jahr 2006 ziehen und zittern sich ein Vater und sein Sohn durch ein klimatisch und menschlich gleichermaßen frostiges, von undurchdringlichen Wolken verdunkeltes Nordamerika. Und in Roland Emmerichs Endzeitspektakel *The Day After Tomorrow* wird nach dem Zusammenbrechen des Golfstroms die gesamte nördliche Hemisphäre schockgefrostet (woraufhin die US-Amerikaner pikanterweise Asyl in den Staaten Mittel- und Südamerikas suchen müssen). Auch wenn das rasende Tempo, in dem sich der tödliche Eispanzer in diesem Film über die Nordhalbkugel legt, weniger klimatologischen Erkenntnissen als den Gesetzen des Actionkinos folgen dürfte, ist das Katastrophenszenario, welches der Film entwirft, nicht ganz unbegründet: Sollte die sogenannte thermohaline Zirkulation der Weltmeere nachlassen und dadurch weniger warmes Meerwasser in den Nordatlantik transportiert werden, könnte dies tatsächlich zu sinkenden Temperaturen in Großbritannien, Irland, Skandinavien und Nordamerika führen. Wer sich für diese Form der (Post-)Apokalypse akklimatisieren will, sollte am besten die eisigen Weiten der Arktis besuchen – solange es sie noch gibt.

O In der abendländischen Tradition ist Osten nicht die Himmelsrichtung des Untergangs, sondern der Auferstehung und des Lichts. Schließlich geht auf dieser Seite des Erdballs die Sonne auf, und auch der christliche Erlöser sowie die seine Verehrung begründenden Schriften kommen, von Mitteleuropa aus gesehen, aus dem ‹Morgenland›. Die meisten christlichen Kirchen sind daher geostet: Der Altarraum mit Kanzel und Kreuz weist in Richtung der aufgehenden Sonne, während die Weltgerichtsdarstellungen in der Regel über dem der untergehenden Sonne zugewandten Westportal zu finden sind.

Auch in der mittelalterlichen Kartographie waren Geographie, Heilstopographie und Menschheitsgeschichte auf ähnliche Weise verschachtelt. Auf vielen mittelalterlichen Weltkarten sind im Osten Adam und Eva sowie – durch Gebirge, feurige Mauern oder Wüsten vor unbefugtem Zutritt geschützt –

das Paradies abgebildet, während am linken, westlichen Kartenrand Henoch und Elija, die beiden Zeugen der Apokalypse, zu sehen sind. Als der Franziskaner Johannes von Marignola 1341 im Auftrag des Papstes nach Peking reiste, soll er bei dieser Gelegenheit auch das Paradies besucht (und unerklärlicherweise wieder verlassen) haben.

Dennoch weht auch von Osten her eine dezidiert endzeitliche Brise. Zum einen wurde, etwa zu Zeiten der Kreuzzüge, die Reise gen Osten immer wieder als Wegbereitung für das Millennium gedeutet und das irdische Jerusalem mit dem in der Johannes-Apokalypse beschriebenen Neuen Jerusalem identifiziert. Das Morgenland galt also als Morgen-Land: als gegenwärtige Vorwegnahme prophetischer Verheißungen, als real existierende Heimstatt des zukünftigen Gottesreichs. Zum anderen kann aber auch gerade der so positiv besetzte und mit Auferstehungsgedanken verknüpfte Sonnenaufgang apokalyptische Bedeutung haben; wenn er nämlich nicht, wie gewohnt und im göttlichen Gestirnenlaufplan vorhergesehen, am Morgen, sondern am Abend stattfindet: «The sun is in the east, even though the day is done / Two suns in the sunset: Could be the human race is run?», raunte Roger Waters auf dem 1983 erschienenen Pink-Floyd-Album *The Final Cut.*

Tatsächlich fanden drei Jahre darauf Waters Weltuntergangsgesänge katastrophale Bestätigung in der Wirklichkeit (auch wenn es, anders als von dem Sänger prophezeit, nicht zu einem Atomkrieg kam): Am 26. April 1986 explodierte im Kraftwerk Tschernobyl nahe der ukrainischen Stadt Prypjat ein Kernreaktor, große Mengen radioaktiver Isotope wie Caesium-137 und Iod-131 gelangten in die Atmosphäre und gingen als Strahlenregen über Ost- und Mitteleuropa nieder. Ursache für die Katastrophe waren vermutlich Versäumnisse des Personals während der Simulation eines Stromausfalls sowie die fehlerhafte Konstruktionsweise des Reaktors. Viele Endzeitgläubige sahen darin hingegen eine Erfüllung apokalyptischer Prophezeiungen. Das ukrainische Wort *Tschornobyl* bezeichnet nicht nur die tödlich verstrahlte Ortschaft am Ufer des Prypjat, sondern ist auch der Name jenes mysteriösen Sterns, der laut der Apokalypse am Jüngsten Tag auf die Erde fallen soll: «Und der dritte Engel blies seine Posaune; und es fiel ein großer Stern vom Himmel, der brannte wie eine Fackel […]. Und der Name des Sterns heißt Wermut. Und der dritte Teil des Wassers wurde zu Wermut, und viele Menschen starben von den Wassern, weil sie bitter geworden waren.»

Derzeit befinden sich weltweit über sechzig neue Kernreaktoren in Bau, knapp vierhundertvierzig weitere sind in Betrieb, immerhin ein Dutzend von ihnen gehören zum selben Bautyp wie der havarierte Reaktor in Tschernobyl. Zur Akklimatisierung für die Apokalypse empfiehlt sich womöglich der Besuch einer dieser Anlagen.

S «God gave Noah the rainbow sign / No more water, the fire next time», heißt es in einem afroamerikanischen Spiritual. Der Regenbogen, der gegen Ende der Sintflut am Himmel erscheint, ist demzufolge nicht nur als Zeichen des erneuerten Bunds zwischen Gott und den Menschen zu verstehen, sondern auch als Omen der Apokalypse. Da die Welt bei der ersten globalen Katastrophe durch Wasser verheert wurde, wird sie beim zweiten (und mutmaßlich letzten) Mal durch Feuer zerstört werden. Auf den Regen folgt Sonne, auf die Flut die Dürre.

Tatsächlich dürften Menschen, die von Mitteleuropa beziehungsweise den USA aus gesehen im Süden, also etwa im Maghreb, in Äthiopien, der Karibik oder in Mexiko leben, von den zu erwartenden Klimaveränderungen sehr viel stärker betroffen sein als die Bewohner der nördlichen Hemisphäre. Berechnungen des amerikanischen Peterson Institute for International Economics zufolge könnten die Ernteerträge in den genannten Ländern aufgrund von Trockenheit und fortschreitender Wüstenbildung um mindestens ein Fünftel zurückgehen, während die Produktion im Norden um durchschnittlich acht Prozent anwachsen dürfte. Anders gerechnet: Die Wohlstandsländer des Nordens sind für mehr als ein Drittel aller weltweit entstandenen Umweltschäden verantwortlich – sie tragen aber nur drei Prozent der daraus resultierenden Kosten. «Diese geographische Trennung von Emissionsquelle und Umweltfolgen ist es», schreibt der Soziologe Mike Davis, «die einer vorausschauenden, proaktiven Solidarität im Wege steht.»

In der Himmelsrichtungshierarchie der reichen Industrienationen nimmt der Süden nach wie vor eher die Position der utopischen Urlaubsdestination ein – den Weltuntergang hingegen verortet die westliche Welt bevorzugt bei sich selbst beziehungsweise an ihrem äußeren, abendlichen Rand.

Die apokalyptische Bedeutung des Westens ist, wie erwähnt, sowohl kosmologisch als auch geographisch bedingt. Da die Sonne hier allabendlich zugrunde geht und die Hinterbliebenen in finstere Nacht stürzt, und da alle Versuche, ihrem Lauf zu folgen, traditionell am Rand des unermesslichen Ozeans endeten, lag es nahe, sowohl den individuellen Tod als auch den der gesamten Menschheit mit dieser Himmelsrichtung zusammenzudenken. Kein Wunder, dass sich die apokalyptische Imagination zunehmend an einem Ort verdichtet, der am Westrand der westlichen Welt liegt: Seitdem *Fisterra*, *Finistère* und *Land's End* nicht mehr das Ende der Erde, sondern nur den Ausgangspunkt für Fahrten in die ‹Neue Welt› darstellten, und seitdem auch die dort angetroffene Frontier immer weiter nach Westen und schließlich ins Meer geschoben wurde, wird wohl kein Ort der Welt so häufig dem Untergang überantwortet wie Los Angeles.

Allein im zwanzigsten Jahrhundert wurde der Moloch am Pazifik, Recherchen von Mike Davis zufolge, in Literatur und Film mindestens hundertachtunddreißigmal dem Erdboden gleichgemacht: neunundvierzigmal durch Atomwaffen, achtundzwanzigmal durch Erdbeben, zehnmal durch Monster oder außerirdische Horden, und immerhin einmal durch das unkontrollierte Wachstum von genmanipuliertem Bermudagras. «Die Stadt der Engel zeichnet sich nicht nur dadurch aus, dass sie häufiger als andere Städte fiktional zerstört wird», schreibt Davis, «sondern auch dadurch, dass diese Apokalypsen Leser und Kinogänger besonders zu erfreuen scheinen. Offenbar wartet die ganze Welt gespannt darauf, dass Los Angeles in den Pazifik rutscht oder vom San-Andreas-Graben verschluckt wird.»

Neben ihrer fernwestlichen Lage dürften wenigstens drei weitere Faktoren für die Spitzenposition von Los Angeles auf der Weltuntergangsskala ausschlaggebend sein. Zum einen ist die Stadt aufgrund ihrer prekären Lage – inmitten einer seismisch aktiven Region sowie am Rand einer Wüste gelegen, zu weiten Teilen in traditionellen Flutebenen und Buschbrandkorridoren erbaut – in der Tat vom Unter- oder zumindest Niedergang bedroht. Immer wieder wird Los Angeles von verheerenden Erdbeben und Feuersbrünsten heimgesucht; die Stadt ist stärker von Überschwemmungen betroffen als jede andere Metropole der Nordhalbkugel; hinzu kommen enorme soziale Spannungen, ethnische Konflikte, außerdem Killerbienen sowie Streifenhörnchen, welche die Beulenpest übertragen.

Zum Zweiten ist in Los Angeles die apokalyptische Fallhöhe ganz besonders groß. Schließlich handelt es sich bei der Metropole dem Namen nach um nichts weniger als die ‹Stadt der Engel›, und ihr mediterranes Klima, ihre endlosen Sandstrände, Palmenalleen und Zitrusfruchtplantagen lösten bei europäischen Siedlern immer wieder elysische Assoziationen aus. Wenn in einem Roman oder Desasterfilm ein Vorort von Detroit oder die Innenstadt von Duisburg zerstört würde, dürfte das (außerhalb von Detroit beziehungsweise Duisburg) kaum eine Nachricht wert sein – wenn hingegen das Paradies selbst in Flammen aufgeht, so ist das ein dramatischer Beleg für den Niedergang der gesamten Menschheit: *If you can't make it here, you can't make it anywhere.*

Zum Dritten ist Los Angeles eine *Stadt*; und zu allem Überfluss eine, die für ihren Hedonismus, ihre Strand- und Körperkultur, ihre hohe Verbrechensrate und eine alternative religiöse Szene bekannt ist – alles Dinge, die dem Gott des Juden- und Christentums traditionell ein Dorn im Auge und willkommener Anlass zur kollektiven Vernichtung sind. Im Tanach werden die Städte Sodom und Gomorra aufgrund ihrer Verworfenheit mitsamt ihrer Einwohner und allem, «was auf dem Lande gewachsen war», vernichtet. In der Johannes-Apokalypse ist es «die große Stadt Babylon», die als Inbegriff der Eitelkeit sowie als Chiffre für die Hauptstadt des römischen Weltreichs beim göttlichen Großreinemachen binnen einer Stunde von der Erdkruste gewischt wird.

Auch in der vermeintlich säkularen Moderne lebt dieses Misstrauen gegenüber urbanen Ballungsräumen fort: Seit dem neunzehnten Jahrhundert und dem Aufkommen des mikrobiologischen Bewusstseins gelten Städte zunehmend als Krankheitspfuhle, als «überdimensionierte Petrischalen» (Alan Weisman), in denen sich tödliche Viren und Bakterienkulturen tummeln. Und im zwanzigsten Jahrhundert, angesichts der Angriffe auf Hiroshima und Nagasaki, kam noch das Bewusstsein von ihrer militärischen Verwundbarkeit hinzu. Der Nuklearphysiker Edward Teller, ein Mitglied des Manhattan-Projekts, warnte 1946 davor, dass sich «im Fall eines Atomkriegs überfüllte Städte […] in Todesfallen verwandeln» würden.

Allerdings kommen die Vernichtungsphantasien im Fall von Los Angeles (anders als ehedem in Sodom, Gomorra, Babylon) interessanterweise von innen: Es sind ja keine fundamentalistischen Christen aus dem Mittleren Westen, die sich in Cinemascope-Visionen über die Zerstörung des Molochs am Meer ergehen, sondern in der Regel Menschen, die in dieser Stadt selber zu Hause sind: Hollywood-Regisseure, Romanciers, Rap-Musiker, aber auch Soziologen wie Mike Davis, die auf ihrer wissenschaftlichen Meta-Ebene die Erzählung vom Niedergang der Engelsstadt fortspinnen. Fast scheint es, als sehnte sich niemand heftiger nach dem Untergang von Los Angeles als die Angelenos selbst. Fast scheint es, als wollten die Bewohner ihre Stadt, stellvertretend für alle anderen Metropolen dieser Erde, in einem großen, melodramatischen Ritual für die Sünden der ganzen Welt opfern.

● Letzten Endes könnten viele der Katastrophen, von denen Los Angeles bedroht ist, nämlich ebenso gut zahllose andere Städte betreffen – nur liegen diese nicht so exponiert am Abgrund der westlichen Welt (und sie verfügen auch nicht über eine so einflussreiche, mit beständiger Nabelschau befasste Kulturindustrie). Auch Istanbul, die größte Stadt Europas, liegt in tektonisch brisantem Terrain, ebenso die bevölkerungsreichste Metropole Nordamerikas, Mexiko-Stadt, sowie die Metropolregion Tokio-Yokohama, mithin der größte städtische Ballungsraum der Welt. «Natürlich sind auf der ganzen Welt die Küsten meist die wohlhabendsten Landstriche, und die Böden um Vulkane herum sind oft besonders fruchtbar – darum verdrängen die Leute noch so hohe Risiken», sagt der Geologe Simon Winchester. «Man sollte meinen, dass Menschen sich nicht mehr an seismisch riskanten Orten ansiedeln, sondern alle nach Kansas und ins mittlere Australien ziehen. Nur leider sind diese Orte wenig lebensfreundlich – und langweilig außerdem.»

Seit 2008 lebt erstmals in der Geschichte der Menschheit über die Hälfte der Weltbevölkerung in Städten; Schätzungen der Vereinten Nationen zufolge könnten es Mitte dieses Jahrhunderts schon siebzig Prozent sein. Die intensive Urbanisierung verstärkt dabei die katastrophalen Folgen von extremen Wetterereignissen: Da die Böden in städtischen Ballungsräumen durch Straßen, Parkplätze und Bauwerke versiegelt sind, fließen die Wassermassen nach starken Regenfällen oder Überschwemmungen langsamer ab. Da sich über den Beton-, Asphalt- und Stahlmassen riesige Heißluftwirbel bilden, werden heftige Regenfälle von Städten wie zum Beispiel Peking förmlich ‹angezogen›. Etliche Küstenstädte sind zudem durch steigende Meeresspiegel und die Versalzung des Grundwassers bedroht.

Darüber hinaus haben die Städte der industrialisierten Welt durch ihren enormen Ausstoß an Treibhausgasen aber auch maßgeblich dazu beigetragen, die klimatische Stabilität der letzten Jahrtausende zu zerstören und das gegenwärtige Erdzeitalter des Anthropozän einzuläuten. «Zwar haben Waldrodung und Export-Monokulturen eine entscheidende Rolle beim Übergang in eine neue geologische Epoche gespielt», so Mike Davis, «der Hauptfaktor war jedoch der nahezu exponentielle Anstieg der CO_2-Emissionen in den urbanen Regionen der nördlichen Hemisphäre.» Vielleicht muss man, um sich für die Apokalypse zu akklimatisieren, sich also gar nicht vom eigenen Wohnort oder dem heimischen Lesesessel fortbewegen. Vielleicht findet der Weltuntergang schon hier statt. Jeden Augenblick. Genau an diesem Punkt.

Aramäisch für Anfänger

Man stelle sich vor: Christus kommt, wie in der Johannes-Offenbarung verheißen, hoch zu Ross und mit blutgetränktem Gewand auf die Erde zurück, um die Menschheit zu richten. Man erblickt ihn schon von ferne, sieht ihn näher kommen, steht ihm schließlich gegenüber. Man möchte mit ein paar höflichen Floskeln das Eis brechen, vielleicht seine eigene Rechtschaffenheit und Himmelfahrtswürdigkeit betonen; auf jeden Fall sollte man irgendetwas sagen. Aber was? Und vor allem: Wie? Zu spät realisiert man, dass die eigenen Aramäischkenntnisse zwar für eine historisch-kritische Lektüre der Apokalypsen des Daniel ausreichen mögen, dass sie aber leider nicht dazu geeignet sind, ein ganz alltägliches, unbefangenes Gespräch zu führen – und ehe man sich versieht, ist man im feurigen Pfuhl gelandet. Um diese unangenehme Situation zu vermeiden, sollte man sich die folgenden Sätze gut einprägen.

שׁלמא לך
Grüß Gott.

דנה שׁמי
Ich heiße …

הלא ראיתיך
Habe ich Sie nicht schon einmal gesehen?

לא תאמר נא מהרה ארמית שׁלי לא איתי טוב
Reden Sie nicht so schnell, mein Aramäisch ist nicht gut.

מה בארמית
Was heißt das auf Aramäisch?

אהבתיך
Ich liebe Sie!

אנתה דמא פרנך צפה
Sie sehen Frank Zappa ähnlich.

אביתי מיא חפץ אחרי מקום במלכות שמיא
Ich möchte Wasser, einen letzten Wunsch, einen Platz im Königreich der Himmel.

איתי מטר סערה שטפין
Es gibt Regen, Sturm, Überschwemmungen!

יום טב לדרך נת חמא
Ein guter Tag, um die Kelter des Zorns zu treten!

אביתי לקרא בספר חיא
Ich möchte im Buch des Lebens lesen.

לא איתי שלמא לי
Ich bin untröstlich!

לא הוית
Ich bin es nicht gewesen!

ההיה
Ist er es gewesen?

הבה למלחמתא
Auf in den Kampf!

להתראיה
Auf Wiedersehen.

Die Zukunft

2035 Mitte der 1970er Jahre wurde der Franzose Claude Vorhilon eigenen Aussagen zufolge von Außerirdischen entführt und zu ihrem Planeten gebracht, wo ihm die Wahrheit über den Ursprung der Menschheit enthüllt wurde. Wir sind demzufolge das Ergebnis eines genetischen Experiments, das die biotechnisch versierten Außerirdischen, die sogenannten Elohim, vor fünfundzwanzigtausend Jahren auf der Erde durchgeführt haben. Vorhilon, den die Elohim auf den Namen Raël tauften, ist der leibliche Sohn des höchsten Außerirdischen, genannt Yahweh, und damit ein Halbbruder Jesu. Er ist dazu erwählt, die Menschheit auf die endzeitliche Wiederkehr und Weltherrschaft der Elohim vorzubereiten, die spätestens für das Jahr 2035 erwartet wird.

Um die Wiederkehr der Elohim zu ermöglichen, müssen raëlianischer Lehre zufolge allerdings zwei Voraussetzungen erfüllt sein. Erstens muss ein interplanetares ‹Botschaftsgebäude› mit kreisförmiger UFO-Landebahn errichtet werden, um den Elohim zu zeigen, dass sie auf Erden willkommen sind. Zweitens müssen die Menschen lernen, ihre Aggressionen zu ‹eliminieren› und in Frieden zu leben – das Symbol der Raëlianer nimmt diese Versöhnung der Gegensätze bereits auf so konsequente wie geschmacklose Weise vorweg, es stellt eine Kombination aus Davidstern und Swastika dar.

Einerseits entwickelte sich der Raëlianismus erkennbar im Schatten von Shoah und Hiroshima: Raël wurde angeblich an Weihnachten 1945 gezeugt, die endzeitliche Dringlichkeit seiner Botschaft begründet sich durch die wenige Monate zuvor erfolgten Atombombenabwürfe. Andererseits strahlt er aber auch einen sehr siebzigerjahrehaften Zukunftsoptimismus aus: Da die Menschen raëlianischer Lehre zufolge ohnehin nur Klone sind, die nach dem Bild der Elohim geschaffen wurden, wird das künstliche Kopieren von Menschen, Tieren und Pflanzen von den Raëlianern vehement und ohne erkennbare ethische Skrupel befürwortet. Ein raëlianisches Unternehmen namens Clonaid bietet eine DNA-Bank an, in der Gläubige ihre genetischen Informationen zum Zweck späterer Replikation aufbewahren können. Die Firma Insuraclone speichert Zellmaterial für das therapeutische Klonen von genetisch identischen menschlichen Ersatzteillagern. Eine künstliche Gebärmutter namens Babytron soll in Zukunft anstelle von Leihmüttern neue Menschen ausbrüten. Und ein Service namens Clonapet ermöglicht angeblich die Wiederauferstehung geliebter Haustiere. Neben dem von Raël gepredigten sexuellen Hedonismus stellen solche utopisch-narzisstischen Zukunftsversprechungen wohl den Hauptgrund für den Erfolg der Gruppierung dar: Mit eigenen Angaben zufolge über fünfzigtausend Mitgliedern ist der Raëlianismus die erfolgreichste ufologische Religionsgemeinschaft weltweit.

2045 Sollten die Elohim auf sich warten lassen, könnte das Ende der Menschheit etwa zehn Jahre später erfolgen. Die Wesen, die dann möglicherweise die Weltherrschaft übernehmen, sind uns technisch ebenfalls weit überlegen – doch kommen sie, anders die Elohim, nicht aus dem All, sondern sind bereits unter uns, ja sie sind unsere eigene Schöpfung: gemeint sind die Computer. Der Programmierer und Zukunftsforscher Raymond Kurzweil bezeichnet den Moment, in dem das Web 2.0 die Macht übernehmen wird, als Singularität; der Philosoph Slavoj Žižek spricht von einem «techno-digitalen-post-humanen Apokalyptizismus».

Der Glaube an die Singularität beruht auf zwei empirisch kaum zu widerlegenden Beobachtungen. Erstens verläuft der Fortschritt, gerade in der Informationstechnologie, immer schneller, die Verbesserung künstlicher Intelligenzen erfolgt also nicht linear, sondern exponentiell. Und zweitens kommunizieren Computer nicht nur mit ihren menschlichen Usern, sondern auch und vor allem untereinander. Schon jetzt bestehen mehr Verbindungen zwischen Computern und Computern als zwischen Computern und Menschen. Forscher wie Raymond Kurzweil gehen nun davon aus, dass die dergestalt vernetzten Rechenmaschinen sich über kurz oder lang selbst optimieren werden und dass dann eine schwindelerregende Fortschrittsspirale einsetzen könnte, die vom Menschen nicht mehr nachzuvollziehen, geschweige denn zu kontrollieren ist. Spätestens Ende der 2020er Jahre, so Kurzweil, werden Künstliche Intelligenzen dem Menschen in kognitiver Hinsicht ebenbürtig sein. Etwa eineinhalb Jahrzehnte später werden sie das menschliche Denken und Handeln radikal und unumkehrbar verändert haben. Das Zeitalter des Menschen, oder zumindest der Menschlichkeit, wird zu Ende sein.

Was genau wird die Singularität also mit sich bringen? Werden die Computer, wie die Künstlichen Intelligenzen aus der *Matrix*-Filmreihe, die innerweltlichen Machtverhältnisse auf den Kopf stellen und sich ihre einstigen Herrscher untertan machen? Oder wird der Mensch, umgekehrt, von dem rasanten Fortschritt seiner elektronischen Helferlein profitieren und, in den Worten von Slavoj Žižek, «jene Fähigkeit erlangen, die Kant und andere deutsche Idealisten als ‹intellektuelle Anschauung› bezeichnet haben – eine Form der Anschauung, die das Objekt der Sinneswahrnehmung unmittelbar selbst hervorbringt [...] – eine Fähigkeit, die bislang nur dem unendlichen göttlichen Geist vorbehalten ist»? Wird der Mensch 2045 also ein techno-digitales-post-humanes Millennium erlangen? Das sind Fragen, die vermutlich nur eine Künstliche Intelligenz beantworten kann.

2050 Allerdings könnte die Freude über den Anbruch des posthumanen Himmelreichs nicht lange währen, da der Mensch auch Mitte des einundzwanzigsten Jahrhunderts voraussichtlich nicht vollständig in der Virtualität leben wird, sondern immer noch über einen Körper verfügt, der Luft zum Atmen, sauberes Trinkwasser, Essen sowie ein Stück Land benötigt, das noch nicht von gestiegenen Meeresspiegeln überflutet ist.

Inwieweit und für wie viele Menschen diese Voraussetzungen in Zukunft gewährleistet sein werden, ist jedoch fraglich. Bis zum Jahr 2050 müssten dem Entwicklungsprogramm der Vereinten Nationen zufolge die weltweiten Treibhausgasemissionen im Vergleich zum Stand von 1990 um die Hälfte reduziert werden, um katastrophale Folgen für das Überleben der Menschheit zu vermeiden – Prognosen der Internationalen Energieagentur zufolge werden sie in diesem Zeitraum aber, ganz im Gegenteil, vermutlich auf das Doppelte ansteigen. Die landwirtschaftlichen Erträge in Dutzenden von Entwicklungsländern dürften um mindestens zwanzig Prozent zurückgehen; weite Gebiete Südostasiens und anderer Regionen werden durch Überschwemmungen unbewohnbar werden und Millionen von Menschen zur Umsiedlung zwingen.

«In der Zwischenzeit rasen wir», so Mike Davis, «sehr viel schneller als wir uns vorzustellen wagen, auf den verhängnisvollen Zeitpunkt zu, [...] an dem das Zusammenspiel von Klimaveränderungen, Öl- und Wasserverknappung und weiteren 1,5 Milliarden Menschen auf dem Planeten negative Synergien erzeugen wird, die jenseits unserer Vorstellungskraft liegen.» Der eigentliche Tipping Point, nach dem es für eine grundlegende Umkehr und eine Rettung der Erde zu spät ist, dürfte allerdings bereits weit vor der Jahrhundertmitte liegen: Davis prognostiziert diesen kritischen Zeitpunkt auf das Jahr 2030. Oder früher.

Noch dieses Jahr Seit 1987 berechnet die britische New Economics Foundation (NEF) jedes Jahr den Tag, an dem die regenerativen Ressourcen der Erde für das laufende Kalenderjahr verbraucht sind. Ab diesem Datum konsumiert die Menschheit mehr nachwachsende Rohstoffe, als die Erde hervorzubringen vermag, und sie produziert mehr Schmutz, als die Umwelt absorbieren kann. In Anlehnung an wirtschaftswissenschaftliche Begrifflichkeiten bezeichnet die NEF diesen Tag als *Ecological Debt Day*; auf Deutsch wird er meist ‹Tag der ökologischen Überschuldung› oder ‹Welt-Überschreitungs-Tag› genannt.

Ab diesem Datum lebt die Menschheit sozusagen (bis zum Anfang des kommenden Jahrs, wenn eine Art Schuldenschnitt erfolgt) auf ökologischem Kredit. Der Ecological Debt Day verlegt den Umweltuntergang also aus der abstrakten und leicht zu verdrängenden Zukunft in die Gegenwart. Die klimakatastrophische Abrechnung, die in wenigen Jahrzehnten, wenn die Schuldenlast zu groß geworden ist, auf uns zukommen dürfte, findet so symbolisch jedes Jahr statt. Und: Der Welt-Überschreitungs-Tag fällt, von wenigen Ausnahmen abgesehen, jedes Jahr auf ein früheres Datum. Mitte der Achtzigerjahre war das Verhältnis von ‹Einnahmen› (also der Biokapazität der Erde) und ‹Ausgaben› (dem ökologischen Fußabdruck des Menschen) noch ausgeglichen. 1987, im ersten Jahr seiner Berechnung, fiel der Ecological Debt Day auf den 19. Dezember. Und 2012, gerade mal ein Vierteljahrhundert später, fand er bereits im Spätsommer statt, nämlich am 22. August.

Noch heute Genau vierzig Jahre vor Einführung des Welt-Überschreitungs-Tags veröffentlichte die Zeitschrift *Bulletin of the Atomic Scientists* erstmals eine Graphik, die auf ganz ähnliche Weise den Weltuntergang symbolisch in die Gegenwart holt. Allerdings findet dieser nicht nur einmal pro Jahr statt, sondern jeden Tag, ja im Lauf von vierundzwanzig Stunden sogar zweimal: Auf der *Doomsday Clock* ist es immer kurz vor zwölf – die genaue

Uhrzeit hängt davon ab, wie groß die Gefahr eines Atomkriegs von den die Zeitschrift herausgebenden Wissenschaftlern eingeschätzt wird. 1947, im Jahr ihrer Einführung, stand die Uhr auf sieben Minuten vor zwölf. Von 1953 bis 1960, als die USA und die Sowjetunion sich mit immer neuen Wasserstoffbombentests überboten, stand sie durchgängig auf 11.58 Uhr. Kurz nach dem Ende des Kalten Kriegs und der Unterzeichnung des START-Abrüstungsabkommens stand sie auf optimistischen siebzehn Minuten vor zwölf. Seit 1998, als Indien und Pakistan ihre ersten Atomwaffentests durchführten, ist die Minutenzahl wieder stabil im einstelligen Bereich.

Wie das antike Konzept der Weltwoche überträgt die Doomsday Clock ein regelmäßig wiederkehrendes und allgemein bekanntes Zeitmaß auf die Lebenserwartung der Welt. Diese endet demnach um Punkt zwölf Uhr. Allerdings beinhaltet das Symbol der Uhr – das natürlich äußerste Dringlichkeit, ja die Unausweichlichkeit des Endes nahelegen soll – zwei Paradoxa, welche die apokalyptischen Mahnungen der Atomwissenschaftler, zumindest nach über sechzig Jahren des Kalibrierens und Zeigerjustierens, etwas hohl ertönen lassen. Zum einen stellt das Zifferblatt einer Uhr – kreisrund, wie es ist – das zyklische Symbol par excellence dar: Auch wenn die Zwölf eine endzeitlich konnotierte Zahl ist, welche entweder die dämonenverseuchteste Stunde der Nacht oder das gleißende High Noon zwischen Gut und Böse einläutet, so endet mit ihr, wie die tägliche Erfahrung lehrt, doch nicht die Zeit an sich. Auch um 12.01 Uhr dreht sich die Welt, und mit ihr der Zeiger, in aller Regel weiter.

Zum Zweiten kann der Lauf der Weltuntergangsuhr – anders als die Zeit – offensichtlich gestoppt, ja sogar umgekehrt werden. Diese Zeitbombe mag scharf sein, sie tickt aber nicht. Oder anders gesagt: Die Doomsday Clock ist gar keine Uhr, sondern nur ein Zifferblatt, auf dem die Zeiger nach Belieben verschoben werden können. Dieser Widerspruch führt, wie Stephen D. O'Leary argumentiert, zu einer für weltuntergangsbeseelte Epochen typischen Veränderung des Zeitgefühls, einer «Zeitverzerrung», wie sie auch die ersten Christen empfunden haben mögen, als ihre apokalyptische Naherwartung enttäuscht wurde. Zuerst mussten sie «mit der psychischen Belastung leben, dass jeden Augenblick das Jüngste Gericht stattfinden konnte – und dann damit zurechtkommen, dass dieses Gericht sowie das anschließende Himmelreich immer wieder verschoben wurden». Wer im Schatten der Weltuntergangsuhr lebt, befindet sich also in einem zeitlichen Zwischenreich: einem unbestimmten Interim zwischen ‹Es-kann-jeden-Moment-passieren› und ‹Jetzt-aber-noch-nicht›.

Jetzt Anders als die Doomsday Clock mit ihrer eingefrorenen Kreiszeit verläuft die Zählung der sogenannten *Global Debt Clock*, die von der Zeitschrift *The Economist* im Internet veröffentlicht wird, linear – und sie wird ständig aktualisiert. Etwa alle zwei Sekunden zeigt sie die Gesamtsumme der weltweiten Staatsschulden an; schon die Beträge im einstelligen Millionenbereich wechseln schneller, als man mitschreiben kann. Eine interaktive Weltkarte unterhalb der Uhr illustriert gleichzeitig den Grad der Verschuldung der einzelnen Nationen: Die gering verschuldeten sind in hoffnungsvolles Grün eingefärbt, die hoch verschuldeten, zumeist die Industrienationen, in Weltenbrandrot.

Obwohl es sich bei der Global Debt Clock ihrem Namen nach ebenfalls um eine Uhr handelt, ist ihre Skala nach oben hin offen, also dem kapitalistischen Grundgedanken des unbegrenzten Wachstums verpflichtet. In ihrer derzeitigen Form hat sie fünfzehn Dezimalstellen, kann also Schuldenbeträge bis zu 999 Billionen Dollar darstellen – es gibt aber keinen ersichtlichen Grund, weshalb sie nicht auf achtzehn, einundzwanzig oder sechshundertsechsundsechzig Dezimalstellen erweitert werden sollte. Auch der Kapitalismus ist, wie Walter Benjamin gezeigt hat, eine Religion – allerdings die erste, die ihre Gläubigen nicht entsühnt, sondern sie im Gegenteil immer tiefer verschuldet. «Darin liegt das historisch Unerhörte des Kapitalismus», so Benjamin, «daß Religion nicht mehr Reform des Seins sondern dessen Zertrümmerung ist.» Bis es zertrümmert ist, läuft die Weltschuldenuhr, ohne Ziel oder erkennbares Ende, unerbittlich weiter: Tick. Tick. Tick …

Schwanengesang (schwarz)

Egal, ob es sich um Soldaten handelt, die in den Kampfeinsatz ziehen, oder um Fußballspieler vor dem Weltmeisterschaftsfinale: Vor entscheidenden Auseinandersetzungen bringen sich Menschen heutzutage gern mit einer eigens zusammengestellten Musikauswahl in Stimmung. Auch vor dem letzten Gefecht gegen die Mächte des Bösen scheint eine solche Vorbereitung ratsam zu sein; zumal die musikalischen Möglichkeiten in der jenseitigen Welt, unabhängig davon, ob man erlöst oder verdammt wird, eher beschränkt sein dürften. Da Musik sich ihrem Wesen nach linear, also nur in der Zeit entwickeln kann – ja da sie möglicherweise, wie der Musikwissenschaftler Hans Heinrich Eggebrecht argumentiert, jene Zeit, welche sie ausfüllt, allererst hervorbringt, also nichts als Zeit *ist* – wird sie es nach dem Ende der Zeit naturgemäß eher schwer haben. «Die Bewohner der andern Welt», schreibt Immanuel Kant, «werden daher so vorgestellt, wie sie nach Verschiedenheit ihres Wohnorts (dem Himmel oder der Hölle) entweder immer dasselbe Lied, ihr Hallelujah, oder ewig eben dieselben Jammertöne anstimmen.» Eine trostlose Aussicht. Bis es so weit ist, empfiehlt sich das Jubeln, Jammern oder Hören der folgenden Stücke.

Richard Wagner: Vorspiel zum dritten Aufzug der *Walküre* (1851)
Die Hörner schmettern, als bliesen sie zum Jüngsten Gericht, der Rhythmus ahmt das Hufgetrappel der apokalyptischen Reiter(innen) nach, behelmte Frauen singen «Hojotoho!» – der Walkürenritt, wie er gemeinhin genannt wird, ist der Klassiker unter den Weltuntergangseinstimmungsliedern. In Francis Ford Coppolas Vietnamkriegsepos *Apocalypse Now* lässt der soziopathische Oberleutnant Kilgore das Stück in Stadionlautstärke von seinem Hubschrauber aus abspielen, um vor dem Überfall auf ein Dschungeldorf die einheimischen Bewohner einzuschüchtern und seine Männer in Schlachtstimmung zu bringen: «Wir benutzen Wagner. Erschreckt die Schlitzaugen zu Tode. Meine Jungs stehen drauf!» Aber schon lange vor Vietnam wurde die martialische Weise mit der Apokalypse in Verbindung gebracht: Im letzten

Band von Marcel Prousts *Auf der Suche nach der verlorenen Zeit*, der während des Ersten Weltkriegs spielt, schwärmt ein Freund des Erzählers von jenem erhabenen Moment, wenn die deutschen Jagdflieger über Paris «etwas Apokalyptisches bekommen», während die örtlichen Luftschutzsirenen den Walkürenritt intonieren. «Tatsächlich, ja, das stimmt! Diese Sirenentöne klingen wirklich nach ‹Walkürenritt›! Da müssen erst die Deutschen kommen, damit man in Paris Wagner hören kann.»

T **N.T. Burton: His Wrath Will Surely Come (1928)** Diese wilde Chimäre aus Predigt und Bluessong stammt aus dem ‹Goldenen Zeitalter› der nordamerikanischen Plattenindustrie, als die Schellackplatte zum Massenmedium wurde: Es handelt sich um eine der ersten Aufnahmen eines Endzeitgesangs überhaupt. Als guter Baptistenprediger beginnt Burton seinen Vortrag mit einer Verkündigung der Bibelstelle, über die er sprechen wird: «Yeah, I'm going to talk about the judgement this morning.» Doch was dann folgt, hat mit einem *talk*, mit einer sachlich-trockenen Bibelexegese wenig zu tun. Denn während Burton sich in seine Weltgerichtsvision hineinsteigert, beweist er, dass er seinen *nom de plume*, die Abkürzung für den Sprengstoff Trinitrotoluol, zu Recht trägt. Er wimmert und wettert und brüllt und sprengt schließlich, als er zum Höhe- und Endpunkt seiner Bluespredigt kommt, alle Grenzen der sinnhaften Sprache: «Who'll be able to stand?», ruft er aus und lässt seine Stimme mit einem jaulenden Glissando eine Quinte nach unten stürzen: ‹Wer wird vor Gott bestehen können?› Doch dieses *who* ist kein Fragepronomen mehr, sondern ein endzeitliches Heulen, eine Sturmböe, reiner Klang: «Wir wissen alle, daß es [...] die früheste Errungenschaft der Tonkunst war, [...] den Gesang, der ursprünglich-urmenschlich ein Heulen über mehrere Tonstufen hinweg gewesen sein muß, auf einer einzigen festzuhalten und dem Chaos das Tonsystem abzugewinnen», schreibt Thomas Mann in *Doktor Faustus*. Die Verwendung des Gleitklangs stelle daher einen Rückfall ins Tohuwabohu dar, einen Höllensturz in die anarchisch-musikalische Ursuppe. «Aber das Markerschütterndste ist die Anwendung des ‹Glissando› auf die menschliche Stimme [...] – die Rückkehr also in diesen Urstand, wie der Chor der ‹Apokalypse› sie bei Lösung des siebenten Siegels, dem Schwarzwerden der Sonne, dem Verbluten des Mondes [...] grausig vollzieht.»

Olivier Messiaen: Quatuor pour la Fin du Temps (1940/41) Der französische Komponist verfasste sein ‹Quartett auf das Ende der Zeit›, während er in einem deutschen Kriegsgefangenenlager in der Nähe von Görlitz inhaftiert war. Die ungewöhnliche Instrumentierung (Geige, Cello, Klarinette, Klavier) richtete sich nach den musikalischen Fähigkeiten seiner Mitgefangenen, die Uraufführung fand in einem Waschraum statt, dem Manuskript stellte Messiaen ein Zitat aus der Apokalypse voran: «Und ich sah einen andern starken Engel vom Himmel herabkommen, mit einer Wolke bekleidet [...]. Und der Engel, den ich stehen sah auf dem Meer und auf der Erde, hob seine rechte Hand auf zum Himmel und schwor bei dem, der da lebt von Ewigkeit zu Ewigkeit [...]: Es soll hinfort keine Zeit mehr sein.» Diese Aufhebung der Zeit versucht Messiaen in seiner Komposition hörbar zu machen: zum einen durch den Gebrauch repetitiver musikalischer Figuren, die sich prinzipiell bis in alle Ewigkeit fortsetzen ließen; zum anderen durch Tempovorgaben, welche die Musik eigentlich zum Stehen, zum Verstummen bringen müssten. «Unendlich langsam» ist der fünfte Satz, das «Loblied auf die Ewigkeit Jesu», überschrieben. Wenn man diese Tempoangabe beim Wort nähme, würde die Aufführung des Quartetts tatsächlich bis zum Ende der Zeit dauern: Die Melodien würden sich so schleppend entwickeln, dass sie gar nicht mehr als Abfolge verschiedener Töne erkennbar wären. Die einzelnen Töne würden so lange im Raum stehen, dass sich das Gehör an sie gewöhnen und sie irgendwann nicht mehr wahrnehmen würde. Ja streng genommen dürfte man überhaupt nicht zu spielen beginnen, sondern müsste bis in alle Ewigkeit vor dem ersten Ton verharren, den Bogen über den Saiten gehalten, die Lippen gespitzt, die Hände über den Tasten schwebend, für immer bereit, einen Akkord zu spielen, der doch niemals erklingt.

The Pilgrim Travellers: Jesus Hits like an Atom Bomb (1950) Nach dem Ende des Zweiten Weltkriegs herrschte offenbar selbst in christlich-fundamentalistischen Kreisen Unklarheit darüber, wer in der Welt- und Heilsgeschichte das Letzte Wort haben wird: Gott – oder doch eher der Mensch, der soeben durch die Atombombenabwürfe über Hiroshima und Nagasaki gezeigt hatte, dass er ebenfalls zu Flächenbombardierungen alttestamentarischen Formats in der Lage ist. Das von Lee V. McCullum geschriebene Lied «Jesus Hits like an Atom Bomb» versucht, die Dinge wieder in Perspektive zu setzen; es ermahnt seine Zuhörerschaft, dass auch in Zeiten der nuklearen Bedrohung die *wahre* apokalyptische Gewalt immer noch von Gott ausgehe: «Everybody's worried about that atom bomb / No one seems worried about the day my Lord shall come / You better set your house in order, he may be coming soon / And he'll hit like an atom bomb when he comes.» Das Lied wurde mehrfach aufgenommen; die von insistierendem Fußgetrappel unterlegte A-capella-Version der Pilgrim Travellers ist die wohl schönste darunter. Doch auch der salbungsvolle Gospelgesang des Quartetts kann nicht darüber hinwegtäuschen, dass sich mit der Erfindung der Kernfusion das Verhältnis zwischen Gott und Mensch unwiderruflich gewandelt hat. Der wiederkehrende Christus schlägt zu *wie* eine Atombombe – das heißt nichts anderes als: Seine Macht muss sich an jener des Menschen messen lassen; die Bezugsgröße für den Vergleich liegt nicht in der himmlischen, sondern der irdischen Sphäre. In gewisser Weise überträgt der Song das Konzept des Wettrüstens, wie es zur Zeit seiner Veröffentlichung zwischen dem West- und dem Ostblock eingesetzt hatte, auf das Verhältnis zwischen Gott und dem Menschen; mit dem entscheidenden Unterschied, dass alle Massenvernichtungswaffen, himmlische wie irdische, bei diesem Duell auf die Erde gerichtet sind. Eine echte *lose-lose*-Situation.

John Cage, 4'33" (1952) *Tacet* sind die drei Sätze dieses wohl berühmtesten Stücks des amerikanischen Avantgarde-Komponisten überschrieben, ‹er/sie/es schweigt›: Das Stück handelt also von der (vermeintlichen) Stille, von dem, was hörbar ist, wenn keine Musik erklingt. Bei der Uraufführung nahm der Pianist am Konzertflügel Platz, öffnete den Deckel über den Tasten und spielte dann für die folgenden vier Minuten und dreiunddreißig Sekunden keinen einzigen Ton. Obwohl oder gerade weil das Stück ohne Pauken und Posaunen auskommt, ist es in besonderer Weise dazu geeignet, auf den Weltuntergang einzustimmen – spielt doch in der Apokalypse gerade das Schweigen, die Stille eine besondere Rolle. Nachdem in der Johannes-Offenbarung das siebente und letzte Siegel geöffnet wird, herrscht für eine halbe Stunde «eine Stille im Himmel»; erst dann erhalten die sieben Engel ihre Instrumente und blasen zum Letzten Gefecht. «Jede apokalyptische Rede», schreibt Hartmut Böhme, «enthält derartige Schweigezonen»: Sie erhöhen zum einen die Arkanität der Offenbarung, zeigen also, dass bei jeder noch so radikalen Enthüllung etwas Unaussprechliches, ein Restgeheimnis verbleibt. Zum anderen lassen sie die darauffolgenden Posaunenstöße, wie die sprichwörtliche Ruhe vor dem Sturm, nur umso lauter erklingen. Die Stille, so John Cage in seinem «Vortrag über Nichts», «ist wie ein leeres Glas in das jeden Augenblick irgend etwas gegossen werden kann.» Falls es sie überhaupt gibt: Hört man, selbst wenn kein einziger Ton gespielt wird, nicht immer noch das Rauschen des Bluts in den Ohren? Das Sirren des zentralen Nervensystems? Das Klappern der eigenen Zähne? Und dieses ferne, kaum merkliche Geräusch: Ist das nicht ein Donnergrollen?

Bill Haley & His Comets: Thirteen Women (1954) Für viele Kulturpessimisten markierte die Geburtsstunde der modernen Popmusik nichts weniger als den Anfang vom Ende, den Untergang des Abendlands. «Der Teufel weiß, dass unsere Generation wahrscheinlich die Wiederkehr Christi erleben wird», verkündete der amerikanische Prediger Bob Larson Mitte der Sechzigerjahre. «Der Rock'n'Roll gehört zu seinem Plan, die Welt moralisch zu verderben.» Das mag übertrieben sein – fest steht aber, dass der Untergang des Abendlands von Anfang an ein beherrschendes Thema in der Popmusik war. Bereits auf seiner ersten Single für die Plattenfirma Decca griff der Sänger und Gitarrist Bill Haley das populäre (und auch in etlichen Hollywood-Filmen wie *Der Omega-Mann* und *I Am Legend* durchexerzierte) Motiv des ‹Last Man on Earth› auf und inszenierte sich als vermeintlich letzter Überlebender eines nuklearen Armageddons. Anstelle der Vampire, Zombies und Mutanten, die in vergleichbaren Filmen über den letzten Menschen/Mann herfallen, hat der Ich-Erzähler in Haleys Song aber die Gesellschaft von dreizehn Frauen, die sich mütterlich-mätressenhaft um ihn kümmern – und dabei vermutlich, als positiver Nebeneffekt, für die Repopulation des Planeten sorgen: «I had two girls every morning / Seein' that I was well fed / And believe you me, one sweetened my tea / While another one buttered my bread.» Haley gibt sich erkennbar Mühe, diese Zeilen anzüglich klingen zu lassen – aber das erotische Innuendo sowohl von Haleys Stimme als auch der kulinarischen Sex-Metaphern lässt doch zu wünschen übrig; wenn der Teufel die Welt wirklich moralisch verderben will, muss er sich schon etwas Schlechteres einfallen lassen. Allerdings war der Rock'n'Roll ja gerade erst geboren: Die letztlich erfolgreichere B-Seite von «Thirteen Women» hieß «Rock Around the Clock».

Ann-Margret: Thirteen Men (1962) Ein knappes Jahrzehnt nach Bill Haleys atomarer Sexphantasie kehrte die Sängerin und Schauspielerin Ann-Margret die Rollenklischees kurzerhand um, verwandelte das eher behäbige Rockabilly-Original in eine elegante Swing-Nummer und ersetzte die *girls* in dem Text kurzerhand durch *men*: «I had two men every morning / Seein' that I was well fed / And believe you me, one sweetened my tea / While another one buttered my bread.» Sowohl aus feministischer Perspektive als auch angesichts der Tatsache, dass in den Letzten Tagen die innerweltlichen Macht- (und damit mutmaßlich auch Gender-)verhältnisse auf den Kopf gestellt werden sollen, erscheint diese Rollenrochade mehr als gerechtfertigt; sie lässt allenfalls außer acht, dass die Wiederbevölkerung der Erde bei einem Frauen-Männer-Verhältnis von 1:13 ein sehr viel zeitaufwendigeres Verfahren darstellt, als wenn dieses 13:1 lautet. Ein weiterer heikler Punkt, den weder Bill Haley noch Ann-Margret ansprechen, ist die Inzestproblematik: Wenn alle Nachkommen von einer einzigen Mutter beziehungsweise einem Vater abstammen, lassen sich geschlechtliche Beziehungen zwischen engen Verwandten kaum umgehen. Allerdings wissen wir aus der Bibel, dass der jüdisch-christliche Gott bei vergleichbaren post-apokalyptischen Notsituationen gelegentlich ein Auge zudrückt: Nach der Zerstörung von Sodom und Gomorra nahmen Lots Töchter mit ihrem Vater vorlieb, da ansonsten «kein Mann [...] mehr im Lande [war], der zu uns eingehen könnte nach aller Welt Weise». Im Krieg, in der Liebe und nach der Apokalypse, so scheint es, ist alles erlaubt.

Tom Lehrer: We Will All Go Together When We Go (1959) «When the air becomes uranious, / We will all go simultaneous»: In dieser virtuos gereimten Erweckungshymne feiert der amerikanische Liedermacher Tom Lehrer die kollektive Vernichtung der Menschheit im Atomkrieg als überaus freudigen Moment – denn wenn alle Erdenbewohner auf einen Schlag vernichtet werden, so Lehrer, bleibt dankenswerterweise niemand zurück, der diesen Verlust beklagen könnte: «For if the bomb that drops on you / Gets your friends and neighbors too, / There'll be nobody left behind to grieve.» Oder wie es der Philosoph Jacques Derrida formulieren sollte: Die «totale Auto-Destruktion» der Menschheit eröffnet die «Perspektive einer Zerstörung ohne Rest, ohne Trauer und ohne symbolische Bedeutung.» So tröstlich und trostlos zugleich diese Argumentation auch klingen mag, geht sie doch von falschen Voraussetzungen aus – eine vollständige Vernichtung alles menschlichen Lebens in einem großen apokalyptischen Knall ist nämlich äußerst unwahrscheinlich. «Millionen von Menschen sind schon in Kriegen gestorben, und dennoch vermehrt sich die Menschheit immer weiter», sagt Les Knight vom Voluntary Human Extinction Movement, das sich dem freiwilligen Dahinscheiden der Menschheit verschrieben hat. In der Regel führten Kriege nämlich sowohl auf Seiten der Verlierer als auch der Gewinner zu einem gesteigerten Bevölkerungswachstum. Selbst wenn 99,99 Prozent der Menschheit von einem bösartigen Virus dahingerafft würden, blieben immer noch weit über eine halbe Million Überlebender, welche gegen die Krankheit immun wären und gestärkt aus der Epidemie hervorgingen. «In 50 000 Jahren», so Knight, «könnten wir wieder an genau demselben Punkt stehen, wo wir jetzt sind.»

Barry McGuire: Eve of Destruction (1965) Die Kubakrise lag noch keine drei Jahre zurück, in Zentralvietnam waren gerade die ersten amerikanischen Kampftruppen gelandet, und Bob Dylan hatte mit «A Hard Rain's A-Gonna Fall» bewiesen, dass auch Protestsongs auf dem Popmarkt Erfolg haben können. Vor diesem Hintergrund nahm der Folk-Sänger Barry McGuire das Lied «Eve of Destruction» auf. Die stoisch durchgereimten Strophen listen die Zeichen der Zeit auf, welche nahelegen, dass die Welt am Rande des Abgrunds steht; der Refrain beklagt, dass die meisten Menschen vor dieser unbequemen Wahrheit die Augen verschließen: «But you tell me over and over and over again, my friend / You don't believe we're on the eve of destruction.» Obwohl das Lied wegen seines apokalyptischen und unpatriotischen Texts von vielen amerikanischen Radiostationen boykottiert wurde, entwickelte es sich zu einem der erfolgreichsten Protestsongs aller Zeiten und verdrängte sogar die Beatles vom ersten Platz der Billboard-Charts. Ob es aber auch zu einem veränderten politischen Bewusstsein innerhalb der amerikanischen Bevölkerung führte, ist ungewiss: Einer soziologischen Umfrage aus dem September desselben Jahres zufolge hatte nur etwa jeder achte Hörer den Inhalt des Texts richtig verstanden; fast ein Viertel der Befragten gab zu Protokoll, dass sie keine Ahnung hätten, wovon das Lied eigentlich handelt. «Das Großartige an Protestsongs ist doch, dass sie einem so ein gutes Gefühl vermitteln», sagte Tom Lehrer einmal; ansonsten seien sie so wirkungsvoll wie das politische Kabarett in der Weimarer Republik, das bekanntlich den Aufstieg der NSDAP und den Zweiten Weltkrieg verhindert habe. Auch um den drohenden Weltuntergang abzuwenden, sind sie womöglich das falsche Mittel.

Niney the Observer: Blood and Fire (1970) Wie viele andere rastafarische Reggae-Stücke geht «Blood and Fire» das Thema Weltuntergang erstaunlich beschwingt und in Dur an: Das Ende ist nah, aber der Sänger weiß sich auf der rechten Seite und sieht dem Jüngsten Gericht daher mit Hoffnung, ja fast möchte man meinen mit Vorfreude entgegen: «Let it burn, let it burn, / Let it burn, burn, burn!» Doch neben dem rechten Glauben hat der Sänger offenbar noch einen weiteren Trumpf im Ärmel, beziehungsweise eine Panazee im Medizinschrank: «Blessed be the seed / of the ganja weed», frohlockt er, «blessed be the pipe / that is always light.» Ganja, also Marihuana, gilt gläubigen Rastafariern als Sakrament, von seiner rituellen Bedeutung her ist es dem Wein beim christlichen Abendmahl vergleichbar. Bei den «Bäumen des Lebens», welche der Johannes-Apokalypse zufolge im jenseitigen Reich wachsen werden, handelt es sich rastafarischer Ansicht nach um Hanfpflanzen. Dies gibt dem zunächst martialisch anmutenden Songtitel eine harmlosere, eskapistische Note: Beim ‹Blut› handelt es sich bloß um eine Handvoll Cannabis. Und das apokalyptische ‹Feuer› wütet nur in der Wasserpfeife und führt so eine individuelle, spirituelle Entrückung herbei, die eine kollektive Erhebung, zumindest vorläufig, überflüssig macht: «Let it burn!»

The Sex Pistols: God Save the Queen (1977) Auf der ersten Single der Sex Pistols, «Anarchy in the UK», hatte der Sänger Johnny Rotten sich bereits zum Antichristen ausgerufen. Auf der zweiten gab er der Punkbewegung ihren bekanntesten Slogan und packte zugleich den Kern des apokalyptischen Denkens in eine Nussschale, in drei Silben: «No future.» Keine Zukunft – aber wann? Vielleicht liegt hierin eine der verstörendsten Eigenschaften des Weltuntergangs: dass er, zumindest solange man ihn noch besingen kann, notwendigerweise in der Zukunft liegt, dass er zugleich aber deren Auslöschung und Ende markiert. «Wir stehen am Rand des Desasters, ohne dass wir es in der Zukunft verorten könnten», schreibt der Philosoph Maurice Blanchot: «Das Desaster denken […] heißt, keine Zukunft mehr zu haben, um es zu denken.» Ein Jahr nach Veröffentlichung von «God Save the Queen» und nur einem Studioalbum lösten die Sex Pistols sich auf; kurz darauf verstarb der Bassist Sid Vicious. Die Queen hingegen lebte munter weiter und erschien Mitte der Neunzigerjahre dem Countrysänger Johnny Cash in einem Traum. Sie predigte ihm (wie Cash in den Anmerkungen zur Platte *American IV* berichtet) aus der Bibel und inspirierte den Sänger dadurch zu seinem wohl apokalyptischsten Song überhaupt: «The Man Comes Around.»

Prince: 1999 (1982) Der Gedanke, dass die Freuden des Fleisches in Kürze für immer vorbei sein könnten, stachelt verständlicherweise zu erotischen Phantasien an: «Die Apokalypse», so Hans Magnus Enzensberger, «ist ein Aphrodisiakum.» Die Zahl der Lieder und Gedichte, die zum Last-Minute-Hedonismus, zum sprichwörtlichen Tanz auf dem Vulkan aufrufen, ist daher Legion. In dem spätromantischen Werk «Welt-Untergang» des deutschen Dichters Felix Dahn zum Beispiel stellt das Heraufdämmern des Jahres 1000 den Hintergrund für spontane Ausschweifungen mit Frauen mit komischen Namen dar: «Morgen um die zwölfte Stund', / Heia, geht die Welt zu Grund! / Doch nicht eh' bis Minnegard / – Leib und Seel'! – mein eigen ward!» Als tausend Jahre danach die Welt wieder einmal vor dem vermeintlichen Abgrund stand, komponierte der Funk-Musiker Prince eine der wohl berühmtesten Hymnen auf die Apokalypse: «'Cause they say 2000 zero zero, party over, oops! Out of time! / So tonight I'm gonna party like it's 1999!» Dies ist, in den Worten des Philosophen Peter Sloterdijk, die «Ethik des Feuerwerks», die meist mit «Zuständen manischer Verschwendung» einhergeht: Wenn der Fortbestand der Zeit nicht gewährleistet ist, kann man vor dem letzten Silvesterknall noch einmal sämtliche Ressourcen verfeuern; man kann, im wahrsten Sinn des Wortes, feiern, als ob es kein Morgen gäbe. Man sollte sich dafür allerdings sicher sein, dass die Apokalypse auch wirklich bevorsteht. Ansonsten folgt auf den vermeintlich finalen Exzess nämlich nur ein katastrophaler Kater.

The Cure: Siamese Twins (1982) Den Gegenpol zur «Ethik des Feuerwerks» bildet Sloterdijk zufolge die «Ethik der Askese»: ein endzeitliches Lebensgefühl, das an die Stelle des freudigen Konsumierens und Koitierens eine «depressive Sparsamkeit» setzt, eine Verneinung aller weltlichen Freu-

den, die größtmögliche Minimalisierung des Selbst und seiner Spuren in der Welt. Das im selben Jahr wie Princes Party-Hymne entstandene Lied «Siamese Twins» der englischen Chefdeprimisten The Cure vertont diese Befindlichkeit auf idealtypische Weise. Das Schlagzeug schleppt sich dahin wie ein Todkranker auf dem Weg zum Giftschrank, der Bass trottet morphinisiert einher, der gleichermaßen klagende wie blutleere Gesang beschwört die restlose Auslöschung des Subjekts und seiner Welt: «I chose an eternity of this / Like falling angels the world disappears / Laughing into the fire / Is it always like this?» Wird es immer so sein? Selbst der Tod, als konsequenter Endpunkt der Selbsteinsparung, verheißt offenbar keine Erlösung. Die Apokalypse geht weiter. Trost könnte allenfalls die Einsicht bieten, dass sich die genannten endzeitlichen Emotionsprinzipien – Feuerwerk und Askese – Peter Sloterdijk zufolge in Zukunft stetig abwechseln werden: «Wir werden spüren, wie die streitenden Alternativen sich in unseren Lebensgefühlen abbilden und wie wir zwischen den Zuständen [...] schwanken.» Manie und Depression sind miteinander verbunden wie siamesische Zwillinge.

Public Enemy: Fear of a Black Planet (1990) Ein Meilenstein des Hip-Hops und zugleich ein schwerer Brocken – die Argumentation des Songs ist, nicht nur nach popmusikalischen Maßstäben, kompliziert. Erstens: Der Weltuntergang wird, in Übereinstimmung mit Kalkulationen der afrozentrischen Nation of Islam, im Jahr 2001 stattfinden. Zweitens: Er wird mit einer Auflösung der Ozonschicht und, dadurch bedingt, einer verstärkten UV-Strahlung einhergehen. Drittens: In seinem Zug wird ein Großteil der Menschheit an Hautkrebs sterben, aber viertens: nur jener Teil, der eine zu hell pigmentierte Haut hat. «I'm just a rhyme sayer / Skin's protected against the ozone layer, / Breakdown 2001 / Might be best to be black / Or just brown / Countdown.» Gnädigerweise bietet der Rapper und Chefideologe von Public Enemy, Chuck D, der geneigten weißen, männlichen Zuhörerschaft – denn an diese wendet sich seine Endzeitpredigt – eine (Er)Lösung an: Wenn sie bereit ist, ihre rassistischen Vorstellungen von Segregation und ethnischer Überlegenheit aufzugeben, könnten die Afro-Amerikaner im Gegenzug dazu bereit sein, ihre überlebenswichtigen «genes and chromosomes» mit den Töchtern, Schwestern und Frauen der Weißen zu teilen und so für das Überleben der nächsten Generation sorgen. Mit diesem Angebot stellt Chuck D sich in die Tradition der «Black Messiahs» (Wilson Jeremiah Moses), wie es sie in der amerikanischen Literatur seit dem siebzehnten Jahrhundert immer wieder gegeben hat: Er ist bereit, seinen Körper herzugeben, um das amerikanische Volk vor der Apokalypse durch ultraviolette Strahlung zu retten. Das ist mein Blut. Das ist mein Leib. Das sind meine Gene.

Konrad Boehmer: Logos Protos (2000) Die Komposition beginnt mit einem käsigen Sample aus einem Schlager der Fünfzigerjahre: «Es war im Anfang, noch vor aller Zeit: / Die Erde war wüst und leer» – die wenigen Takte werden die einzigen tonalen Passagen in diesem über zwanzigminütigen Werk bleiben. Anstatt des göttlichen Logos, jenes ‹ersten Worts›, das Ordnung stiften und das Tohuwabohu in Tag und Nacht, Wasser und Land etc. teilen könnte, folgt auf den scheinbaren Schöpfungsauftakt nämlich: nichts. Das Chaos geht einfach weiter. Das Urmeer rauscht, Seevögel kreischen, Tonbandschlaufen schaben, von einer Kirche wehen verzerrt Glockenschläge hinüber: der Klang von «zwei unaufhörlichen Mißtönen, die [...] miteinander kämpften und vergeblich zu einem Wohllaut zusammenfließen wollten». So steht es bei dem Dichter Jean Paul, dessen «Rede des toten Christus vom Weltgebäude herab, daß kein Gott sei» als Vorlage für Boehmers elektronische Tour de force diente. In diesem albtraumhaften Text beschreibt die Weltgeschichte nicht den üblichen narrativen Bogen, aus dem Chaos hin zu einer gottgegebenen Struktur und schließlich der Erfüllung im Weltende, sondern sie ist reine Kontingenz, die von keiner transzendenten Macht mehr kontrolliert wird. «Wir sind alle Waisen, ich und ihr, wir sind ohne Vater. [...] Euer kleines Leben ist der Seufzer der Natur oder nur sein Echo.» Die ultimative Sinnentsagung ist aber für den Jüngsten Tag vorbehalten: Die Gräber tun sich auf, die Toten erheben sich, um vor das Weltgericht zu treten ... doch der Richterthron bleibt leer. Gott ist noch nicht einmal tot, es gab ihn einfach nie – stattdessen waltet am Firmament nur ein «stummes Nichts» und «kalte, ewige Notwendigkeit». Oder wie Boehmer es in einem Interview einmal ausdrückte: «Dem Universum ist es ja egal, wenn die Erde in die Sonne fällt. Da macht es in der Unendlichkeit irgendwo plopp.» Sollte beim Weltuntergang ein Totentanz ohne Gott stattfinden, so wäre «Logos Protos» der richtige Soundtrack dazu.

Peaches: Fuck the Pain Away (2000) Die bis auf Knochen, Knorpel und ein paar klirrende Crash-Cymbals reduzierte Musik dieser Electro-Punk-Hymne ist ein post-humaner Albtraum – aber der Text ist gleichermaßen tief empfunden und menschlich, gibt er doch einen wertvollen Hinweis darauf, wie angesichts der zu erwartenden apokalyptischen Plagen Linderung möglich sein könnte: «Fuck the pain away / fuck the pain away / fuck the pain away / fuck the pain away.» Zudem steckt in dem impliziten Aufruf zur Entkleidung, den die Denkfigur des Schmerzenhinwegvögelns enthält, ein durch und durch endzeitliches Motiv, kann das griechische Verb, von dem sich unser Wort Apokalypse herleitet, doch auch im handfest-körperlichen Sinn eine Offenbarung bezeichnen: «*Apokalypto*, ich entdecke [...], ich enthülle [...] die Sache, die ein Körperteil, der Kopf oder die Augen sein kann, ein geheimer Teil, das Geschlecht, oder was auch immer da verborgen ist», schreibt Jacques Derrida. Die Offenbarung findet also nicht nur statt, wenn eine göttliche Wahrheit entkleidet wird – sie kann auch den Körper betreffen, «wenn man die Kleidung aufhebt, oder die Eichel, wenn man [...] die Vorhaut zurückzieht». So gesehen ereignet sich täglich viele Millionen Mal, ob mit musikalischer Untermalung oder ohne, in ungezählten Häusern, Hütten und Betten eine Apokalypse.

Anonym: Advent, Advent, ein Lichtlein brennt (ohne Jahr) In vielen Familien ist es bekanntlich guter Brauch, dass während der Weihnachtszeit eine Apokalypse *en miniature* stattfindet: eine persönliche Offenbarung, bei der die seismischen Spannungen, die sich während des Jahres unter der Oberfläche angestaut haben, sich in abrupten Beben und Eruptionen entladen. Und vielleicht kommt dieses Zusammenfallen von Advent und Endzeitstimmung ja nicht von ungefähr. Schließlich bedeutet das lateinische Wort *adventus* nichts anderes als ‹Ankunft›; es gemahnt an die Wiederkehr Christi am Jüngsten Tag und erinnert daran, dass mit der Geburt im Stall zu Bethlehem aus christlicher Perspektive die Endzeit begonnen hat. Wenn man dies im Kopf behält, schwingt bei den freudigen Dur-Akkorden und trügerisch-harmlosen Worten dieses alten Adventslieds eine durchaus ominöse Note, eine deutlich vernehmbare apokalyptische Obertonreihe mit. «Erst eins, dann zwei, dann drei, dann vier ...»: Sind mit den brennenden «Lichtlein» tatsächlich nur Kerzen gemeint, die behaglich-festlich den Raum erhellen – oder doch eher Fackeln, welche die vier Ecken der Erde in Brand setzen? Und «das Christkind vor der Tür»: Steht es dort tatsächlich als friedliches Kleinkind, in Windeln gewickelt und mit Strohhalmen zwischen den Zehen – oder kommt es, zweitausend Jahre später, womöglich hoch zu Ross und mit einem scharfen Schwert im Mund, um die Welt zu richten? Schöne Bescherung.

I.M.M.O.R.T.A.L.I.F.E.: Those Who Live For Love Will Live Forever (ohne Zukunft) Eine Band dieses Namens existiert nicht, sie hatte daher auch niemals einen Charterfolg mit dem Titel «Those Who Live For Love Will Live Forever». In der fiktionalen Bandbiographie von I.M.M.O.R.T.A.L.I.F.E. heißt es, dass die Gruppe mit ihrer Musik zu ausgedehnten Sexorgien anregen wollte, da sie glaubte, durch beständige Liebesakte die Unsterblichkeit erlangen zu können: «The end is near and you shall live / Forever.» Dennoch blieb auch I.M.M.O.R.T.A.L.I.F.E. das Ende nicht erspart. Die Gruppe ging mitsamt der Welt unter, ‹channelte› dieses Lied aber nach ihrem Dahinscheiden auf telepathischem Weg an die Esoterikcombo Prince Rama, die es dann im Geist und Sound der Verstorbenen (offenbar eine Achtzigerjahre-Synthpop-Band à la New Order) aufnahm und zusammen mit neun anderen postmortalen Preziosen auf dem Sammelalbum *Top 10 Hits of the End of the World* veröffentlichte. So weit hergeholt die post-apokalyptische Fiktion dieses Konzeptalbums auch anmuten mag, entbehrt sie doch nicht einer naturwissenschaftlichen Grundlage: Ob die elektrischen Impulse unseres Gehirns nach unserem Tod weiter durch den Äther schwirren und als Gedankenwellen von telepathisch begabten Menschen empfangen werden können, ist zwar umstritten. Fest steht aber, dass elektromagnetische TV- und Radiowellen sich, mit abnehmender Intensität, in Lichtgeschwindigkeit immer weiter ausbreiten. Jeder Song, der ausgestrahlt wird, lebt also nach dem Ableben seiner Interpreten fort; und somit auch nach dem Ende der Welt. «Soweit das Universum reicht und wir wissen, sind [Radiowellen] unsterblich», schreibt Alan Weisman in *The World Without Us.* Liebende mögen, anders als von I.M.M.O.R.T.A.L.I.F.E. erhofft, vergehen – ihre Lieder jedoch leben fort. ■

Wie Ihnen dieses Buch helfen kann, den Weltuntergang zu überleben

Sie können es essen. Sie können es zum Feueranmachen verwenden. Sie können die Seiten herausreißen und sich damit zudecken. Sie können die Seiten, im Fall eines Zusammenbruchs der Telekommunikationssysteme, zu Papierfliegern verarbeiten und zum Nachrichtentransport verwenden. Sie können, wenn Sie über einige hundert Exemplare dieses Buchs sowie ein kräftiges Seil verfügen, ein Floß daraus bauen. Sie können, wenn Sie über einige tausend Exemplare dieses Buchs sowie kräftigen Papierkleber verfügen, einen Strahlenschutzbunker daraus bauen. Sie können, wenn Sie das Zeichen der Bestie auf der Stirn tragen, das Buch beim Jüngsten Gericht aufschlagen und Ihren Kopf dahinter verbergen. Sie können das Buch zu Konfettischnipseln zerreißen und diese bei der Ankunft des Messias in die Luft werfen, um ihn davon zu überzeugen, dass Sie auf seiner Seite stehen. Sie können das Buch zu Konfettischnipseln zerreißen und diese bei der Ankunft außerirdischer Besatzungstruppen in die Luft werfen, um sie davon zu überzeugen, dass von Ihnen keine Gefahr ausgeht. Sie können das Buch in den Weltraum schießen, um die außerirdischen Besatzungstruppen schon vor deren Ankunft davon zu überzeugen, dass die Menschheit zwar in der Lage ist, ihren eigenen Planeten zu verwüsten, extraterrestrischem Leben gegenüber jedoch prinzipiell freundlich gesonnen ist. Sie können das Buch als Wurfgeschoss gegen Angreifer verwenden. Sie können es wegwerfen und versuchen, sich in Sicherheit zu bringen. Sie können es wegwerfen und beten. Sie können es wegwerfen.

Was bleibt?

Der Mensch Lauscht man den oben beschriebenen Endzeitgesängen, liest die Apokalypsen der Bibel oder schaut dystopische Hollywoodfilme, so drängt sich der Eindruck auf, dass die vorgebliche Menschheitsdämmerung doch nur sehr unvollständig ist: Es bleibt immer jemand, der das Ende besingen oder beschreiben kann. Es gibt immer noch einen Omega-Mann, der sich in seinem Haus verschanzt hält und der Zombifizierung trotzt, es gibt immer ein paar Überlebende, die durch ausgedörrte Steppen streifen, oder soundso viele Erwählte, die sich im Neuen Jerusalem oder einer anderen Enklave der Seligen in Sicherheit bringen können. Mit anderen Worten: Es gibt, so paradox dies klingen mag, auch beim Weltuntergang immer noch ein Danach, eine Post-Apokalypse, einen Anfang nach dem Ende.

Dies mag nicht bloß darin begründet sein, dass der Mensch nur ungern ohne das Zuckerbrot der Hoffnung auskommt, sondern vor allem darin, dass er sich ein absolutes Ende seiner selbst schlicht nicht vorstellen kann. «Wir können gar nicht anders als die Welt als Menschenwelt zu denken, aus dem einfachen Grund, dass wir, die wir sie denken, Menschen sind», schreibt der Philosoph Eugene Thacker. «Wenn die ganze Menschheit aussterben sollte, wer bezeugt dann dieses Aussterben, ja den bloßen Gedanken des Aussterbens? In diesem Sinn kann [unser] Aussterben nie angemessen gedacht werden, da die Möglichkeit des Aussterbens die absolute Negation allen Denkens voraussetzt.»

Und nicht nur das Ende seiner Gattung, auch ein vollständiges Ende der Zeit, wie es die Johannes-Apokalypse verheißt, ist für den Menschen letztlich unvorstellbar: Ansonsten würde ja auf einen (wie entfernt auch immer gedachten) Moment kein weiterer Moment mehr folgen; die Zeit wäre also durch «leere Zeit» begrenzt. «Eine solche Erfahrung aber, als völlig leer an Inhalt, ist unmöglich», schreibt Immanuel Kant in der *Kritik der reinen Vernunft*: «Also ist eine absolute Weltgrenze empirisch, mithin auch schlechterdings unmöglich.» So inbrünstig der Weltuntergang auch beschworen werden mag – das absolute Ende des Menschen und seiner Zeit ist stets auf unbestimmt verschoben; es steht immer unmittelbar bevor und ist doch nie da. Die Ankunft des Messias, so Maurice Blanchot, ist eine «Unkunft. [...] Sein Kommen entspricht keiner Gegenwart.» Oder wie Franz Kafka es einmal formulierte: «Der Messias wird erst kommen, wenn er nicht mehr nötig sein wird, er wird erst nach seiner Ankunft kommen, er wird nicht am letzten Tag kommen, sondern am allerletzten.»

Die Welt Nur weil der Mensch sich ein absolutes Ende seiner selbst nicht vorstellen kann, bedeutet das allerdings keineswegs, dass die Menschheit nicht tatsächlich zugrunde gehen könnte: Es heißt nur, um noch einmal Blanchot zu zitieren, dass sich das Desaster «jeder Erfahrungsmöglichkeit entzieht – Grenze der Schrift». So viel über den Weltuntergang auch geschrieben worden sein mag, so viele Filme über ihn gedreht und Lieder gesungen wurden, bleibt er doch letztlich undarstellbar, reine Spekulation. Und wenn er dereinst wahr geworden sein sollte, wird es niemanden mehr geben, der ihn darstellen kann.

Das Einzige, was man angesichts dieser Unwägbarkeiten mit einiger Sicherheit sagen kann ist, dass die Welt uns überleben wird: Was gemeinhin (auch in diesem Buch) immer wieder als Weltuntergang bezeichnet wird, ist letztlich ‹nur› ein Menschheitsuntergang, das Verschwinden dessen, was Eugene Thacker als «Welt-für-uns» bezeichnet. Die «Welt-an-sich» hingegen, jene Erde, die schon vor dem Menschen da war, die unabhängig von ihm existiert und die sich, so sehr sie von ihm auch in Mitleidenschaft gezogen worden sein mag, seinem Zugriff stets in gewissem Maße widersetzt, wird fortbestehen. Und in ihren Spalten, Höhlen und interpretativen Abgründen wartet schon die «Welt-ohne-uns» – ein Planet, der unserer Erde verblüffend ähnlich sieht, den wir aber niemals kennenlernen werden, da er naturgemäß erst nach unserem kollektiven Ableben in Erscheinung treten kann.

Dass der Mensch das Aussterben seiner eigenen Gattung als Untergang der gesamten Welt begreift, ist vermutlich vor allem ein Ausdruck seiner grenzenlosen Selbstüberschätzung. Ähnlich narzisstisch dürfte auch die Vorstellung sein, dass er – sei es durch Krieg, sei es durch Raubbau an der Biosphäre oder durch nukleare Katastrophen – die Welt-an-sich mit ins Verderben reißen könnte. «Eines der zentralen Probleme bei der Debatte um den Klimawandel», so Thacker, «ist die Frage, inwieweit die Menschheit dabei überhaupt eine Rolle spielt. Einerseits stellen wir als Menschen das Problem dar; andererseits, aus der Perspektive der Tiefenzeit unseres Planeten, gibt es nichts, das unbedeutender sein könnte als der Mensch.» Die Erde kam einige Milliarden Jahre ganz gut ohne den Menschen zurecht; sie wird sich vermutlich auch nach seinem Verschwinden wieder regenerieren.

Fünfzig bis hundert Jahre nach dem prospektiven Aussterben des Menschen, so Alan Weisman, werden die meisten unserer Häuser – unbeheizt, unbewohnt, ungewartet – in sich zusammenfallen. Nach fünfhundert Jahren werden sich, zumindest in den gemäßigten Klimazonen, dort, wo einst Städte waren, wieder gewaltige Wälder erstrecken. Ohne Zufuhr neuer Schadstoffe könnte sich die Ozonschicht innerhalb von Jahrzehnten regenerieren. Und nach ein paar Millionen Jahren könnten sogar die hartnäckigsten Hinterlassenschaften des Menschen, die Müllberge und -strudel aus Polymer und Plastik, zerfallen, verrottet oder sedimentiert sein. «Wenn sich der Planet vom Perm erholen kann», jenem Erdzeitalter also, an dessen katastrophalem Ende geschätzte fünfundneunzig Prozent aller Meeresbewohner und fünfundsechzig Prozent aller Landtiere ausstarben, dann, so der Biologe Enric Sala, «kann er sich auch vom Menschen erholen».

Und wenn sich dereinst, in circa fünf Milliarden Jahren, unser Zentralstern zu einem Roten Riesen ausdehnen und die inneren Planeten des Sonnensystems mitsamt der Erde verschlucken wird, werden doch im Universum noch eine Unzahl an Planeten, Monden und Sonnen weiterexistieren. Möglicherweise könnte auf dem Saturnmond Titan, der über Wasser und eine erdähnliche Atmosphäre verfügt, derzeit aber noch unwirtlich kalt ist, sogar neues Leben entstehen. Und selbst wenn in ein paar Billionen Jahren die Expansion des Universums zum Stillstand kommen und dieses in einer Art umgekehrten Urknall zu einem Schwarzen Loch zusammenschnurren sollte, würde auch auf diese Katastrophe etwas Neues folgen. Die Welt, wenn man sie begrifflich weit genug fasst, wird auch dann nicht untergehen. Für die zu diesem Zeitpunkt vermutlich schon seit Äonen ausgestorbene Menschheit ist das freilich nur ein schwacher Trost.

Die Apokalypse Bis es aber so weit ist, werden wahrscheinlich noch etliche Untergangspropheten auf den Plan getreten sein und das Ende der Menschheit verkündet haben – und alle, bis auf den letzten, werden Unrecht gehabt haben. Was die Frage aufwirft, in welchem Verhältnis solche Vorhersagen eigentlich zum Vorhergesagten stehen: Existieren die Rede vom Weltende und dessen tatsächliches Eintreten in kausal unabhängigen Paralleluniversen? Oder beschleunigen und beschwören apokalyptische Vorhersagen den Menschheitsuntergang: Reden sie ihn, als *self-fulfilling prophecies*, also langsam, aber sicher herbei? Oder ist die Menschheit, ganz im Gegenteil, nur deshalb noch am Leben, weil sie sich seit Tausenden von Jahren mit ihrem potentiellen Untergang beschäftigt, von der Apokalypse spricht, singt und predigt: Verhindert das Vorhersagen des Weltendes also womöglich dessen Verwirklichung?

Der Nachtwächter Kreuzgang, der gleichermaßen närrische wie nihilistische Titelheld aus den 1804 erschienenen *Nachtwachen* von Ernst August Klingemann, scheint der letzten Antwort zuzuneigen: In der finalen Silvesternacht des achtzehnten Jahrhunderts, am symbolschweren Ende des Säkulums also, ruft er versuchshalber «statt der Zeit die Ewigkeit» aus – und stellt erfreut fest, dass sich all seine Mitbürger aus Angst vor dem Jüngsten Gericht mit einem Mal von ihrer besten Seite zeigen: Bestechliche Richter revidieren ihre Fehlurteile, unfähige Staatsdiener legen freiwillig die Ämter nieder, ja der König persönlich kriecht demütig vor einem Bettler im Dreck, weil ihm plötzlich «eine hereinbrechende allgemeine Gleichheit» möglich scheint. Kreuzgang plädiert daraufhin dafür, mit Hilfe von Feuerwerkskörpern regelmäßig einen solchen «pseudojüngsten Tag» zu veranstalten, da sich erst im Angesicht des Weltendes das wahre, gute und gerechte Wesen der Menschen äußere.

In dieselbe Richtung geht die Argumentation von Peter Sloterdijk, der – zweihundert Jahre nach Erscheinen der *Nachtwachen* und vor dem Hintergrund des Klimawandels – verkündete, dass «nur Apokalyptiker vernünftige Zukunftspolitik betreiben [können], weil allein sie auch das Schlimmste als reale Möglichkeit bedenken». Anders gesagt: Nur unter dem Auge der Uhr, sei es aus Furcht vor dem anstehenden Weltgericht oder dem baldigen Klimakollaps, kann der Mensch sich ethisch richtig verhalten. Gerade weil und indem er das Ende verkündet, wendet er es ab. Die apokalyptische Vorhersage hätte demzufolge den paradoxen Effekt, dass sie, indem sie die Menschen aus ihrer Zeitvergessenheit aufrüttelt, ihr eigenes Wahrwerden verhindert. Sie ist die Prophezeiung, die sich selbst widerlegt.

Das Schweigen Oder sollte es gerade umgekehrt sein: Ist die Warnung vor dem Weltuntergang ihr eigener Brandbeschleuniger? «Die Nachhaltigkeits- und Klimaschutzbewegung argumentiert katastrophisch: Fünf vor zwölf ist es andauernd, man habe keine Zeit, müsse gleichwohl sofort die Welt retten, und zwar die ganze, ansonsten drohten Desaster [...], die Tod und Verderben für die Menschheit bringen», schreibt der Sozialpsychologe Harald Welzer. Nur leider sei eine solche Rede von der Weltrettung «völlig untauglich, Menschen zu motivieren, sich um die Welt auch nur zu *kümmern*». Wenn man von vornherein wisse, dass etwas nicht in der eigenen Macht steht, gebe es psychologisch nämlich kein Motiv, es überhaupt erst zu versuchen. Warum sollten wir unsere Treibhausgasemissionen reduzieren, wenn die asiatischen Staaten doch die doppelte Menge an CO_2 produzieren wie wir Europäer? Warum sollten wir Energie und Benzin sparen, wenn allein in den USA täglich mehr als drei Milliarden Liter Erdöl verbraucht werden, warum die deutschen Kernkraftwerke abschalten, wenn im benachbarten Frankreich weiterhin knapp sechzig Anlagen in Betrieb sind? Vielleicht ist die Welt, ihr Untergang beziehungsweise ihre Rettung für unser Bewusstsein einfach eine Nummer zu groß. Vielleicht kann die globale Perspektive auch dazu führen, dass man vor näherliegenden Handlungsmöglichkeiten die Augen verschließt.

Hinzu kommt, dass das endzeitliche Diskursdauerfeuer, dem wir von Seiten der Medien, der Musik- und Filmindustrie – und ja, auch von Seiten des Buchmarkts – ausgesetzt sind, zu einem Gewöhnungseffekt führen kann. «Ein Ereignis, das beim ersten Mal noch als [...] unmöglich wahrgenommen wird (etwa die Aussicht auf eine beginnende Katastrophe, die, so wahrscheinlich sie auch sein mag, im Grunde als Unmöglichkeit verworfen wird)», schreibt Slavoj Žižek, «ist mit einem Mal nicht mehr unmöglich, sondern wahrhaftig (sobald die Katastrophe sich ereignet hat, wird sie ‹renormalisiert›, sie wird zu einem Teil des normalen Ablaufs der Dinge, so als wäre sie immer schon möglich gewesen).» Die Nachricht von der Erderwärmung mag beim ersten Mal noch schockiert haben – inzwischen werden kühl die Auswirkungen des Klimawandels auf die Versicherungsbranche diskutiert und zur Absicherung des finanziellen Risikos Katastrophenanleihen (gut apokalyptisch auch Act-of-God-Bonds genannt) ausgegeben. Je öfter wir von einer Katastrophe, sei es eine ökologische, eine humanitäre oder soziale, hören, je häufiger wir von ihr lesen oder sie medial vermittelt sehen, desto alltäglicher wird sie. Ihre Kanten werden abgeschliffen, ihr Feuer erkaltet; der Weltuntergang wird Normalität. *Apocalypse as usual.*

Und ergötzen wir uns nicht sogar bisweilen an Darstellungen des Untergangs? Haben die Bilder brennender Städte, berstender Eisberge und durch Häuserschluchten stürzender Wassermassen nicht auch etwas Grandios-Erhabenes (zumindest, solange wir uns nicht selbst in den Städten, auf den Eisbergen, unter den Wassermassen befinden)? Wie viele Kinozuschauer sind aus Al Gores Klimakollaps-Epos *Eine unbequeme Wahrheit* gekommen und, erschüttert über den katastrophalen Zustand der Welt, mit ihren spritfressenden SUVs nach Hause gefahren? Wie viele Gläubige sind schon nach dem sonntäglichen Kirchgang in der Kneipe versackt oder im Schlafzimmer der Nachbarin verschwunden, um sich von der flammenden Endzeitpredigt des Pfarrers und seinen Mahnungen zu Enthaltsamkeit und ehelicher Treue zu erholen?

Ein solches Verhalten muss nicht unbedingt Ausdruck von charakterlicher Schwäche oder Inkonsequenz sein – es könnte sogar eine mittelbare Folge des Katastrophendiskurses sein. Schließlich handelt es sich beim Weltuntergang, in jeder Dimension des Wortes, um eine Tragödie; und das angestrebte Ziel eines solchen Trauerspiels ist, wie wir seit Aristoteles wissen, Gefühle wie Furcht und Mitleid zu erwecken, ihre psychische Verarbeitung zu ermöglichen und dadurch zu einer ‹Reinigung› von diesen Emotionen beizutragen. Auf den Endzeitdiskurs übertragen: Unsere beständige Auseinandersetzung mit dem Weltuntergang mag zwar die *Furcht* vor der Katastrophe (sowie das Mitleid mit ihren Opfern) zum Verschwinden bringen – nicht aber die Katastrophe selbst. Wer sich nicht vor dem Ende fürchtet, muss nicht unbedingt etwas ändern. Indem die Auseinandersetzung mit der Apokalypse uns kathartisch von unseren Ängsten befreit, trägt sie möglicherweise dazu bei, dass die Ursachen, welche diesen Ängsten zugrunde liegen, weiter bestehen bleiben.

Wenn das aber der Fall ist – dann sollte man umgehend aufhören, vom Weltuntergang zu sprechen. Dann sollte man statt vom Ende lieber vom Anfang sprechen, statt vom Omega vom Alpha. Vielleicht sollte man aber auch einfach schweigen. Schluss mit dem Ende. Keine weiteren apokalyptischen Prophezeiungen. Kein Wort mehr vom Untergang. Keine Silbe, keinen Hauch. Nicht ein einziges

A

Dank

«Die ganze Welt zu zerstören macht viel Arbeit» (Hans Magnus Enzensberger); ein Buch über die Zerstörung der Welt zu schreiben ebenfalls. Für Anregungen, Literaturhinweise und Korrekturvorschläge danke ich: Bärbel Brands, Tobias Bungter, Wolfram Eilenberger, Christian Gaca, Mariana Leky, der Mittwochsgesellschaft, Tobi Müller, Sabine Müller-Mall, Tilman Rammstedt, Luise Tremel, Klaus Cäsar Zehrer und wie immer, für immer, Svenja Flaßpöhler.

Mein besonderer Dank gilt Professor Heinz-Dieter Neef für die Übertragungen ins Aramäische.

Literaturverzeichnis

Meyer H. Abrams: «Apocalypse: Theme and Variations». In: C.A. Patrides und Joseph Wittreich (Hrsg.): *The Apocalypse in English Renaissance Thought and Literature.* Ithaca, NY 1984: 342–368.

Douglas Adams: *Das Restaurant am Ende des Universums.* Aus dem Englischen von Benjamin Schwarz. München 1982.

José Argüelles: *Der Maya-Faktor.* http://www.maya.at/Literatur/download/Maya-Faktor.pdf, zuletzt besucht am 21. 12. 2012.

Aristoteles: *Poetik.* Aus dem Griechischen von Manfred Fuhrmann. Stuttgart 1982.

– : *Politik.* In: *Werke in deutscher Übersetzung.* 20 Bände. Berlin 1991: IX, 2.

Jean Baudrillard: «Die Hysterese des Millenniums». In: *Das Jahr 2000 findet nicht statt.* Aus dem Französischen von Peter Geble und Marianne Karbe. Berlin 1990: 39–60.

Walter Benjamin: «Kapitalismus als Religion». In: *Gesammelte Schriften.* 7 Bände. Frankfurt am Main 1972–1989: VI, 100–103.

Klaus Berger: *Wie kommt das Ende der Welt?* Gütersloh 2002.

Die Bibel. Nach der Übersetzung Martin Luthers. Stuttgart 1999.

Maurice Blanchot: *Die Schrift des Desasters.* Aus dem Französischen von Gerhard Poppenberg und Hinrich Weidemann. München 2005.

Hans Blumenberg: *Lebenszeit und Weltzeit.* Frankfurt 1986.

Hartmut Böhme: «Vergangenheit und Gegenwart der Apokalypse». In: *Natur und Subjekt.* Frankfurt am Main 1988: 380–398.

Dominique Bonsack et al.: «Das ‹Angstjahr 1999› in deutschen Zeitungen». In: Bernd Jürgen Warneken (Hrsg.): *Fehlalarm: Y2K und andere Apokalypsen.* Tübingen 2000: 39–45.

Jorge Luis Borges: «Die kreisförmige Zeit». In: *Eine neue Widerlegung der Zeit und 66 andere Essays.* Aus dem Spanischen von Gisbert Haefs und Karl August Horst. Frankfurt am Main 2003: 183–188.

Paul Boyer: *When Time Shall Be No More: Prophecy Belief in Modern American Culture.* Cambridge, MA und London 1992.

Arndt Brendecke: «Century, Centennial, Centenarium». In: Richard A. Landes (Hrsg.): *Encyclopedia of Millennialism and Millennial Movements.* New York und London 2000: 63–65.

– : *Die Jahrhundertwenden: Eine Geschichte ihrer Wahrnehmung und Wirkung.* Frankfurt am Main und New York 1999.

Gabi Brodbeck und Monika Ebi: «German Angst?» In: Bernd Jürgen Warneken (Hrsg.): *Fehlalarm: Y2K und andere Apokalypsen.* Tübingen 2000: 11–17.

Malcolm Bull: «On Making Ends Meet». In: Ders. (Hrsg.): *Apocalypse Theory and the Ends of the World.* Oxford und Cambridge, MA 1995: 1–17.

John Cage: «Vortrag über Nichts». In: *Silence.* Aus dem Englischen von Ernst Jandl. Frankfurt am Main 1987: 6–36.

Charles Cameron: «Y2K (the Year 2000 Computer Problem)». In: Richard A. Landes (Hrsg.): *Encyclopedia of Millennialism and Millennial Movements.* New York und London 2000: 443–445.

Jean-Claude Carrière: «Die Fragen der Sphinx». In: Umberto Eco et al.: *Das Ende der Zeiten.* Aus dem Französischen von Ronald Vouillé. Köln 1999: 133–223.
Michael J. Christensen: «Chernobyl». In: Richard A. Landes (Hrsg.): *Encyclopedia of Millennialism and Millennial Movements.* New York und London 2000: 70–75.
George Chryssides: «Raëlian Church». In: Peter B. Clarke (Hrsg.): *Encyclopedia of New Religious Movements.* London und New York 2006: 462–464.
Norman Cohn: *Das neue irdische Paradies: Revolutionärer Millenarismus und mystischer Anarchismus im mittelalterlichen Europa.* Aus dem Englischen von Eduard Thorsch. Reinbek bei Hamburg 1988.
– : «How Time Acquired a Consummation». In: Malcolm Bull (Hrsg.): *Apocalypse Theory and the Ends of the World.* Oxford und Cambridge, MA 1995: 21–37.
Adela Yarbro Collins: *Crisis and Catharsis: The Power of the Apocalypse.* Philadelphia 1984.
– : «The Book of Revelation». In: Bernard McGinn, John J. Collins und Stephen J. Stein (Hrsg.): *The Encyclopedia of Apocalypticism.* 3 Bände. New York 1999: I, 384–414.
Christopher Columbus: *The Book of Prophecies.* Berkeley, Los Angeles und London 1997.
David Cook: «Chronology and Dating». In: Richard A. Landes (Hrsg.): *Encyclopedia of Millennialism and Millennial Movements.* New York und London 2000: 88–94.
Paul J. Crutzen: «Die Geologie der Menschheit». In: *Das Raumschiff Erde hat keinen Notausgang: Energie und Politik im Anthropozän.* Aus dem Englischen von Ilse Utz. Berlin 2011: 7–10.
Mike Davis: *Ecology of Fear: Los Angeles and the Imagination of Disaster.* London, Basingstoke und Oxford 2000.
– : «Wer wird die Arche bauen?». In: *Das Raumschiff Erde hat keinen Notausgang: Energie und Politik im Anthropozän.* Aus dem Englischen von Ilse Utz. Berlin 2011: 60–92.
Jean Delumeau: «Apokalypse revisited». In: Umberto Eco et al.: *Das Ende der Zeiten.* Köln 1999: 71–132.
R. Serge Denisoff und Mark H. Levine: «The Popular Protest Song: The Case of ‹Eve of Destruction›». In: *The Public Opinion Quarterly* 35:1 (1971): 117–122.
Jacques Derrida: *Apokalypse.* Aus dem Französischen von Mark Wetzel. Graz und Wien 1985.
Thea Dorn: «Lust an der Apokalypse: Was hinter der Katastrophenrhetorik steckt». In: *DER SPIEGEL* 2/2009: 126–127.
Alan Dundes: «3 in unserer Kultur». In: Daniel Tyradellis und Michal S. Friedlander (Hrsg.): *10 + 5 = Gott: Die Macht der Zeichen.* Berlin 2004: 37–38.
Umberto Eco: «Für alle Fälle». In: Umberto Eco et al.: *Das Ende der Zeiten.* Köln 1999: 225–280.
Carl-Martin Edsman et al.: «Eschatologie». In: Kurt Galling (Hrsg.): *Die Religion in Geschichte und Gegenwart.* 6 Bände. Tübingen ^{3}1958: II, 650–689.
Hans Heinrich Eggebrecht: *Musik als Zeit.* Wilhelmshaven 2001.
Elijah Muhammad: *The Science of Time: The Time & Judgement – When Self Tells the Truth on Self.* Atlanta, GA ^{2}1997.
Thomas Stearns Eliot: «The Hollow Men / Die hohlen Männer». In: Hans Magnus Enzensberger (Hrsg.): *Museum der modernen Poesie.* Frankfurt am Main 2002: 315–318.
Franz Carl Endres und Annemarie Schimmel: *Das Mysterium der Zahl: Zahlensymbolik im Kulturvergleich.* Kreuzlingen und München 1984.
Hans Magnus Enzensberger: «∞: Von den metaphysischen Mucken der Mathematik». In: Daniel Tyradellis und Michal S. Friedlander (Hrsg.): *10 + 5 = Gott: Die Macht der Zeichen.* Berlin 2004: 295–296.

– : «Apokalypse. Umbrisch, etwa 1490». In: *Der Untergang der Titanic: Eine Komödie.* Frankfurt am Main 1981: 116–117.
– : «Zwei Randbemerkungen zum Weltuntergang». In: Jürgen Engler (Hrsg.): *Apokalypse: Schreckensbilder in der deutschen Literatur von Jean Paul bis heute.* Berlin 2005: 336–345.
Leon Festinger: *Theorie der kognitiven Dissonanz.* Bern, Stuttgart und Wien 1978.
Vilém Flusser: «Kühe». In: *Vogelflüge: Essays zu Natur und Kultur.* München und Wien 2000: 44–48.
Sigmund Freud: «Psychoanalytische Bemerkungen über einen autobiographisch beschriebenen Fall von Paranoia (Dementia paranoides)». In: *Studienausgabe.* 10 Bände. Frankfurt am Main 2000: VII, 133–203.
Holm Friebe und Philipp Albers: *Was Sie schon immer über 6 wissen wollten: Wie Zahlen wirken.* München 2011.
Timothy R. Furnish: «Islam». In: Richard A. Landes (Hrsg.): *Encyclopedia of Millennialism and Millennial Movements.* New York und London 2000: 187–192.
Martin Gardner: «666». In: Landes (Hrsg.): A. a. O.: 1–2.
Matthew Goff: «Antichrist». In: Landes (Hrsg.): A. a. O.: 20–24.
Knut Görich: «Das Jahr 999 und die Angst vor der Jahrtausendwende». In: Ernst Halter und Martin Müller (Hrsg.): *Der Weltuntergang.* Zürich 1999.
Alexander Gorkow: «Im Gespräch: Konrad Boehmer». In: *Süddeutsche Zeitung,* 29./30. 11. 2008: 12.
Stephen Jay Gould: «Das Jahr 2000 und die Zeitmaßstäbe». In: Umberto Eco et al.: *Das Ende der Zeiten.* Köln 1999: 13–69.
Christoph Gradmann: «Unsichtbare Feinde: Bakteriologie und politische Sprache im deutschen Kaiserreich». In: Philipp Sarasin et al. (Hrsg.): *Bakteriologie und Moderne: Studien zur Biopolitik des Unsichtbaren 1870–1920.* Frankfurt am Main 2007: 327–353.
Ronald Green: *Nothing Matters.* Winchester und Washington, D.C. 2011.
John Michael Greer: *Apocalypse: A History of the End of Time.* London 2012.
Jacob und Wilhelm Grimm: *Deutsches Wörterbuch.* 16 Bände. Leipzig 1854–1960.
Marcel Hänggi: «Warum die Welt anders werden muss». In: Harald Welzer und Stephan Rammler (Hrsg.): *Der FUTURZWEI Zukunftsalmanach 2013: Geschichten vom guten Umgang mit der Welt.* Frankfurt am Main 2012: 265–302.
Paul D. Hanson: *The Dawn of Apocalyptic: The Historical and Sociological Roots of Jewish Apocalyptic Eschatology.* Philadelphia ^{2}1979.
Friedrich Hebbel: *Tagebücher 1843–1847.* München: Deutscher Taschenbuch Verlag 1984.
Gerhard Henschel: *Menetekel: 3000 Jahre Untergang des Abendlandes.* Frankfurt am Main 2010.
Jakob van Hoddis: «Weltende». In: Dietrich Harth (Hrsg.): *Finale! Das kleine Buch vom Weltuntergang.* München 1999: 108.
Richard Horne: *A is for Armageddon.* London 2009.
Richard Huelsenbeck: «Ende der Welt». In: Richard Huelsenbeck, Hans Arp und George Grosz: *Phantastische Gebete.* Gießen 1993: 54.
Bernd Hüppauf: *Vom Frosch: Eine Kulturgeschichte zwischen Tierphilosophie und Ökologie.* Bielefeld 2011.
David Janssen und Edward Whitelock: *Apocalypse Jukebox: The End of the World in American Popular Music.* Brooklyn 2009.
Franz Kafka: «Die acht Oktavhefte». In: *Hochzeitsvorbereitungen auf dem Lande und andere Prosa aus dem Nachlaß.* Frankfurt am Main 1983: 41–118.

Immanuel Kant: «Das Ende aller Dinge». In: *Kant's gesammelte Schriften.* 29 Bände. Berlin 1912: VIII, 325–339.
–: *Kritik der reinen Vernunft.* Hamburg 1990.
Robert Kaplan: *Die Geschichte der Null.* München 2003.
Wolfgang Kayser: *Das Groteske: Seine Gestaltung in Malerei und Dichtung.* Oldenburg und Hamburg 1961.
Catherine Keller: «Columbus/Colon». In: Richard A. Landes (Hrsg.): *Encyclopedia of Millennialism and Millennial Movements.* New York und London 2000: 98–100.
Frank Kermode: «Waiting for the End». In: Malcolm Bull (Hrsg.): *Apocalypse Theory and the Ends of the World.* Oxford und Cambridge, MA 1995: 250–263.
Maarten Keulemans: *Exit Mundi: Die besten Weltuntergänge.* München 2010.
Lawrence Jones: «Reagan's Religion». In: *Journal of American Culture* 8:4 (1985): 59–70.
Alexander Kissler: «Neues Sein und alte Untergänge: Auch an Weihnachten boomt die Apokalyptik». In: *Süddeutsche Zeitung,* 23./24./25./26.12.2006: 15.
Ernst August Friedrich Klingemann: *Nachtwachen von Bonaventura.* Frankfurt am Main 2000.
Der Koran. Übertragen von Hartmut Bobzin unter Mitarbeit von Katharina Bobzin. München 2010.
Albrecht Koschorke: *Die Geschichte des Horizonts: Grenze und Grenzüberschreitung in literarischen Landschaftsbildern.* Frankfurt am Main 1990.
Andrian Kreye: «Nur mit geologischer Einwilligung: Ein Interview mit dem Geologen und Buchautor Simon Winchester über Naturkatastrophen und die Unfähigkeit des Menschen, aus ihnen zu lernen». In: *Süddeutsche Zeitung,* 29.12.2004: 11.
Tim LaHaye und Jerry B. Jenkins: *Left Behind: A Novel of the Earth's Last Days.* Wheaton, IL 1995.
Richard Landes: «Year 1000». In: Ders. (Hrsg.): *Encyclopedia of Millennialism and Millennial Movements.* New York und London 2000: 446–448.
Nikolaus Lenau: «An Sophie Schwab». In: *Sämtliche Werke und Briefe.* 2 Bände. Leipzig 1970: II, 145–149.
Martin León und Andreas Tschürtz: «Am Morgen danach». In: Bernd Jürgen Warneken (Hrsg.): *Fehlalarm: Y2K und andere Apokalypsen.* Tübingen 2000: 121–127.
Konrad Lorenz: *Die acht Todsünden der zivilisierten Menschheit.* München 1973.
Martin Luther: «Warum des Papsts und seiner Jünger Bücher verbrannt sind». In: *Luthers Werke.* 8 Bände. Berlin 1967: II, 28–37.
Thomas Mann: *Doktor Faustus: Das Leben des deutschen Tonsetzers Adrian Leverkühn erzählt von seinem Freunde.* Frankfurt am Main 1956.
Cormac McCarthy: *The Road.* New York 2007
Ian McEwan: «End of the World Blues». In: Christopher Hitchens (Hrsg.): *The Portable Atheist: Essential Readings for the Nonbeliever.* Philadelphia 2007: 351–365.
Bernard McGinn: *Antichrist: Two Thousand Years of the Human Fascination with Evil.* New York 2000.
–: «Introduction». In: Ders. (Hrsg.): *Apocalyptic Spirituality: Treatises and Letters of Lactantius, Adso of Montier-en-der, Joachim of Fiore, The Franciscan Spirituals, Savonarola.* New York, Ramsey und Toronto 1979: 1–16.
–: «Revelation». In: Robert Alter und Frank Kermode (Hrsg.): *Literary Guide to the Bible.* London 1987: 523–541.
Jürgen Moltmann: «Die Sehnsucht nach dem Ende der Welt: Was den apokalyptischen Terrorismus mit der Neuen Weltordnung verbindet». In: *DIE ZEIT,* 27.12.2001: 39.

Wilson Jeremiah Moses: *Black Messiahs and Uncle Toms: Social and Literary Manipulations of a Religious Myth.* University Park und London 1982.
Friedrich Nietzsche: «Morgenröthe: Gedanken über die moralischen Vorurteile». In: *Kritische Studienausgabe.* 15 Bände. München, Berlin und New York 1999: III, 9–331.
– : *Nachgelassene Fragmente 1884–1885.* In: A. a. O.: XI.
Stephen D. O'Leary: «Apocalypticism in American Popular Culture: From the Dawn of the Nuclear Age to the End of the American Century». In: Bernard McGinn, John J. Collins und Stephen J. Stein (Hrsg.): *The Encyclopedia of Apocalypticism.* 3 Bände. New York 1999: III, 392–426.
– : *Arguing the Apocalypse: A Theory of Millennial Rhetoric.* New York und Oxford 1994.
«One in Seven (14%) Global Citizens Believe End of the World is Coming in Their Lifetime». http://www.ipsos-na.com/news-polls/pressrelease.aspx?id=5610, zuletzt besucht am 21.12. 2012.
José Ortega y Gasset: *Die Schrecken des Jahres eintausend: Kritik an einer Legende.* Leipzig 1992.
Ronald E. Powaski: *Return to Armageddon: The United States and the Nuclear Arms Race, 1981–1999.* New York 2000.
[Friedrich Procop]: «Vorbote des jüngsten Gerichts». In: Achim von Arnim und Clemens Brentano (Hrsg.): *Des Knaben Wunderhorn: Alte deutsche Lieder.* Stuttgart 2006: II, 181–188.
Marcel Proust: *Auf der Suche nach der verlorenen Zeit.* Aus dem Französischen von Eva Rechel-Mertens. 13 Bände. Frankfurt am Main 1972.
David Redles: «Holocaust». In: Richard A. Landes (Hrsg.): *Encyclopedia of Millennialism and Millennial Movements.* New York und London 2000: 181–186.
Josef H. Reichholf: *Einhorn Phönix Drache: Woher unsere Fabeltiere kommen.* Frankfurt am Main 2012.
Jean Paul Friedrich Richter: «Rede des toten Christus vom Weltgebäude herab, dass kein Gott sei». In: Jürgen Engler (Hrsg.): *Apokalypse: Schreckensbilder in der deutschen Literatur von Jean Paul bis heute.* Berlin 2005: 15–19.
Jeremy Rifkin: *Das Imperium der Rinder.* Aus dem Englischen von Waltraud Götting. Frankfurt am Main und New York 1994.
Mikael Rothstein: «Heaven's Gate». In: Peter B. Clarke (Hrsg.): *Encyclopedia of New Religious Movements.* London und New York 2006: 239–240.
Ernest R. Sandeen: «The ‹Little Tradition› and the Form of Modern Millenarianism». In: *The Annual Review of the Social Sciences of Religion* 1980: 165–181.
Philipp Sarasin et al.: «Bakteriologie und Moderne: Eine Einleitung». In: Dies. (Hrsg.): *Bakteriologie und Moderne: Studien zur Biopolitik des Unsichtbaren 1870–1920.* Frankfurt am Main 2007: 8–43.
Bernd Schneidmüller: *Jahrtausendwende: Ein Magdeburger Vortrag über Vorstellungen und Wirklichkeiten im Mittelalter.* Magdeburg 2000.
Arthur Schopenhauer: *Der handschriftliche Nachlaß.* 5 Bände. Frankfurt am Main 1966–1975.
Christopher Schrader: «Ein Super-GAU pro Jahrzehnt: Wie bedroht ist die Welt von radioaktiven Unfällen?» In: *Süddeutsche Zeitung,* 24. 5. 2012: 16.
Samuel Sewall: *The Selling of Joseph: A Memorial.* Northampton, MA 1969 [1700].
Peter Sloterdijk: «Wie groß ist ‹groß›?». In: *Das Raumschiff Erde hat keinen Notausgang: Energie und Politik im Anthropozän.* Berlin 2011: 93–110.
Susan Sontag: *Regarding the Pain of Others.* New York 2003.

Daniel Sperber: «7 in jüdischen Gesetzen und Gebräuchen». In: Daniel Tyradellis und Michal S. Friedlander (Hrsg.): *10 + 5 = Gott: Die Macht der Zeichen.* Berlin 2004: 51–52.
Petra Steinberger: «Am Abgrund: Megacities ziehen die Menschen an – aber auch immer heftigere Naturkatastrophen». In: *Süddeutsche Zeitung*, 17./18.11.2012: 15.
– : «Auszug aus Sodom: Klimawandel und Finanzkrise stellen die Stadt vor widersprüchliche Aufgaben». In: *Süddeutsche Zeitung*, 21.10.2008: 13.
Henry Sturcke: «Anabaptists». In: Richard A. Landes (Hrsg.): *Encyclopedia of Millennialism and Millennial Movements.* New York und London 2000: 11–17.
John Jeremiah Sullivan: «Das Treiben der Lämmer». In: *Pulphead: Vom Ende Amerikas.* Berlin 2012: 343–379.
Andrea H. Tapia: «Technomillennialism: A Subcultural Response to the Technological Threat of Y2K». *Science, Technology, & Human Values* 28:4 (2003): 483–512.
Owsei Temkin: «Eine historische Analyse des Infektionsbegriffs». In: Philipp Sarasin et al. (Hrsg.): *Bakteriologie und Moderne: Studien zur Biopolitik des Unsichtbaren 1870–1920.* Frankfurt am Main 2007: 44–67.
Eugene Thacker: *In The Dust of This Planet.* Winchester und Washington, D.C. 2011.
Damian Thompson: *The End of Time: Faith and Fear in the Shadow of the Millennium.* London 1996.
Marianne Meye Thompson: «Reading What Is Written in the Book of Life: Theological Interpretation of the Book of Revelation Today». In: Richard B. Hays und Stefan Alkier (Hrsg.): *Revelation and the Politics of Apocalyptic Interpretation.* Waco, TX 2012: 155–171.
Lew Tolstoi: *Krieg und Frieden.* Aus dem Russischen von Werner Bergengruen. 2 Bände. Berlin 1967.
Ernest Lee Tuveson: *Millennium and Utopia: A Study in the Background of the Idea of Progress.* Berkeley und Los Angeles 1949.
– : «The Millenarian Structure of the Communist Manifesto». In: C.A. Patrides und Joseph Wittreich (Hrsg.): *The Apocalypse in English Renaissance Thought and Literature.* Ithaca, NY 1984: 323–341.
Daniel Tyradellis: «Das Paradies: Die Zeichen des Unendlichen». In: Daniel Tyradellis und Michal S. Friedlander (Hrsg.): *10 + 5 = Gott: Die Macht der Zeichen.* Berlin 2004: 179–180.
«Von dem jungesten tage». L. A. Willoughby (Hrsg.). London et al. 1918.
Eugen Weber: *Apocalypses: Prophecies, Cults, and Millennial Beliefs through the Ages.* Cambridge, MA 1999.
Alan Weisman: *The World Without Us.* New York 2007.
«Weltenbrand». In: Jürgen Engler (Hrsg.): *Apokalypse: Schreckensbilder in der deutschen Literatur von Jean Paul bis heute.* Berlin 2005: 87.
Harald Welzer: «Futur Zwei. Die Wiedergewinnung der Zukunft». In: Harald Welzer und Stephan Rammler (Hrsg.): *Der FUTURZWEI Zukunftsalmanach 2013: Geschichten vom guten Umgang mit der Welt.* Frankfurt am Main 2012: 13–44.
Robert K. Whalen: «End of the World». In: Richard A. Landes (Hrsg.): *Encyclopedia of Millennialism and Millennial Movements.* New York und London 2000: 135–137.
Daniel Wojcik: *The End of the World As We Know It: Faith, Fatalism, and Apocalypse in America.* New York und London 1997.
Yair Zakovitch: «40 Tage, 40 Jahre: Versuchung, Strafe und göttliche Gnade in der Wüste». In: Daniel Tyradellis und Michal S. Friedlander (Hrsg.): *10 + 5 = Gott: Die Macht der Zeichen.* Berlin 2004: 157–160.

Sandra M. Zimdars-Swartz und Paul F. Zimdars-Swartz: «Apocalypticism in Modern Western Europe». In: Bernard McGinn, John J. Collins und Stephen J. Stein (Hrsg.): *The Encyclopedia of Apocalypticism.* 3 Bände. New York 1999: III, 265–292.
Slavoj Žižek: *Living in the End Times.* London und New York 2010.

Inhalt

Florian Werner 1971 geboren, ist promovierter Literaturwissenschaftler und lebt als Autor, Journalist und Übersetzer in Berlin. 2005 veröffentlichte er den Erzählband *Wir sprechen uns noch*, 2007 das Sachbuch *Rapocalypse: Der Anfang des Rap und das Ende der Welt.* Bei Nagel & Kimche folgten *Die Kuh. Leben, Werk und Wirkung* (2009), das von der Zeitschrift *bild der wissenschaft* als Wissenschaftsbuch des Jahres ausgezeichnet wurde, dann *Dunkle Materie. Die Geschichte der Scheiße* (2011) und *Schüchtern. Bekenntnis zu einer unterschätzten Eigenschaft* (2012).

Nikolaus Heidelbach 1955 geboren, studierte Germanistik, Kunstgeschichte und Theaterwissenschaften und lebt als freischaffender Künstler in Köln. Er hat zahlreiche Bilderbücher verfasst und illustriert und wurde vielfach ausgezeichnet. Zuletzt erhielt er 2007 den Großen Preis der Deutschen Akademie für Kinder- und Jugendliteratur sowie den Deutschen Jugendliteraturpreis (Kategorie Bilderbuch) für *Königin Gisela* und 2012 den Rattenfänger Literaturpreis für *Wenn ich groß bin, werde ich Seehund.*